3D
인문학
영화觀관

3D 인문학 영화觀

제1판 1쇄 발행 2015년 2월 27일
제1판 3쇄 발행 2020년 2월 12일

지은이 강유정
펴낸이 이광호
펴낸곳 ㈜문학과지성사
등록번호 제1993-000098호
주소 04034 서울 마포구 잔다리로7길 18(서교동 377-20)
전화 02)338-7224
팩스 02)323-4180(편집) 02)338-7221(영업)
전자우편 moonji@moonji.com
홈페이지 www.moonji.com

ISBN 978-89-320-2716-6 43680

이 도서의 국립중앙도서관 출판예정도서목록(CIP)은 서지정보유통지원시스템 홈페이지
(http://seoji.nl.go.kr)와 국가자료공동목록시스템(http://www.nl.go.kr/kolisnet)에서
이용하실 수 있습니다.(CIP제어번호: CIP2015003972)

화려한 볼거리, 깊어진 질문들
영화로 생각하고 토론하기

3D
인문학
영화觀 관

강유정 지음

문학과지성사
2015

일러두기

1. 단행본·잡지·장편소설 등은 『 』(겹낫표)로, 영화명·노래명·단편소설 등은 「 」(홑낫표)로 표기하였다.

2. 인명, 지명 등 고유명사의 외래어 표기는 국립국어원의 외래어 표기법에 따랐다. 단, 해외 영화의 경우, 혼돈을 피하기 위해 영화명은 국내에 개봉할 당시의 표기대로 기재하되 원어로 원제를 병기하였다.

3. 영화명 뒤에 ( )(괄호)로 감독명과 제작년도를 밝혀두었다. 각 장에서 처음 언급될 때 한 번만 기재하고, 추후에는 생략한다. 단, 감독명이나 제작년도에 대한 설명이 함께 제시될 경우에는 빠진 정보만 기재하였다.
   예)「월플라워 The Perks of Being a Wallflower」(스티븐 크보스키, 2012)

4. 각 장의 말미에 있는 '함께 보면 좋은 책'은 가나다순으로, '함께 보면 좋은 영화'는 최신작순으로 정리하였다.

서문
영화는 예술일까, 기술일까?

최근 대한민국 영화계에는 복고 열풍이 불고 있다. 1300만 명 이상 관객을 동원한 윤제균 감독의 「국제시장」(2014), 유하 감독의 「강남 1970」(2014), 김현석 감독의 「쎄시봉」(2015)까지, 많은 영화들이 현재가 아닌 과거를 배경으로 이야기를 꾸려 나가고 있다는 의미이다. 천만 관객 이상을 동원한 영화들 중 과거를 다루는 작품을 꼽아보자면

「실미도」(강우석, 2003), 「변호인」(양우석, 2013), 「명량」(김한민, 2014) 등 꽤 많다. 그렇다면, 여기서 한 가지 질문을 해보자. 과거를 영상으로 옮기는 데 필요한 것은 영화적 재해석, 즉 상상력일까? 아니면 당대를 고스란히 재현할 수 있는 영화적 기술일까?

좀더 쉽게 예를 들어보자. 「국제시장」은 1951년 흥남 철수에서 시작해 파독 광부, 베트남전을 거쳐 1983년 6월 KBS 이산가족찾기 특별 생방송까지 보여준다. 영화 초반 스크린을 가득 메우는 것은 현재로서는 아예 갈 수도 없는 흥남이라는 북한 땅의 모습이다. 그리고 그 땅 항구에 정박한 메러디스 빅토리호에 올라타려는 수많은 피난민들의 모습이다.

눈치챘다시피, 이 수많은 사람들과 흥남 철수 장면은 모두 비주얼 이펙트visual effects, VFX의 결과물이다. 여의도 광장을 가득 메운 이산가족찾기의 인파는 200여 명의 보조 출연자들과 30여 개의 천막을 연결해 재생한 컴퓨터 그래픽의 결과물이다. 그 당시 여의도 광장이었던 장소는 현재 여의도 공원이 되어 있다. 그렇다면 과연 그 원장면은 어디서 찍은 것일까? 놀랍게도 여의도 광장 장면을 촬영한 장소는 바로 부산 해운대의 요트 정박장 부근이다. 해운대 해안선 주변에 늘어서 있는 고층 아파트와 세련된 주변 건물들도 모두 컴퓨터 그래픽으로 지워냈다. 그리고 그 지워낸 공간에 KBS 본관 건물을 촬영한 이미지를 갖다 붙인 것이다. 즉, KBS 이산가족찾기를 재현한 여의도 광장 그림엔 실제 KBS도 여의도도 없다. 영화적 기술을 통해 그 이미지를 만들어낸 것이다.

놀랄 것도 없다. 실제 있는 것으로만 따진다면 제임스 캐머런의 「아바타Avatar」(2009)는 아예 존재할 수도 없는 영화이니 말이다. 심지어 「아바타」는 상상의 피조물인 나비족까지 등장하지 않나? 제임스 캐머런은 「아바타」를 통해 퍼포먼스 캡처라고 부르던 당시의 모션 캡처 기능을 이모션 캡처로까지 끌어올렸다. 단지 움직임만을 담아내는 데 그쳤던 영화적 특수 효과 기술을 인물들의 표정까지 고스란히 담아내는 기술로 향상시킨 것이다. 「아바타」의 이모션 캡처 덕분에 우리는 「혹성탈출: 진화의 시작Rise of the Planet of the Apes」(루퍼트 와이엇, 2011)에서 사실적인 '시저'(유인원)를 볼 수 있게 되었다. 최초의 특수 효과가 사람의 목을 내리치는 장면이었음을 생각해본다면, 즉 장면이 바뀌기 전에 사람을 인형으로 바꾸면서 편집으로 그 과정을 눈속임하는 것이었음을 생각해본다면 영화 역사 100여 년 만에 실로 엄청난 기술적 발전을 이루었다고 할 수 있다.

최근 개봉하는 할리우드 블록버스터들을 보면 하나같이 새로운 기술적 혁신을 자랑한다. 「어메이징 스파이더맨The Amazing Spider-Man」(마크 웹, 2012)을 4K(고화질 해상도)로 상영한다든가 「인터스텔라Interstella」(크리스토퍼 놀런, 2014)를 3D 아이맥스(초대형 스크린)로 봐야만 한다는 것도 이런 기술혁신과 연관된다. 최신 기술로 제작한 영화이니 최신 상영 시스템을 갖춘 영화관에서 봐야 한다는 논리적 인과관계가 성립하는 것이다.

그런데 여기서 한 가지 돌이켜볼 만한 이야기가 있다. 제임스 캐머런은 「아바타」를 만들 때 관객이 입체감을 너무 많이 느끼지 않도록 컷을 되도록 나누었다. 입체감을 지나치게 많이 느낄수록 영화에 대한 이입이 떨어진다고 판단했기 때문이다. 결론적으로 제임스 캐머런의 생각이 맞았다. 생각보다, 「아바타」에서 3D로 제작된 장면은 그렇게 길지 않다. 중요한 순간, 관객에게 이채로운 외계를 체험케 하는 그 순간에 3D 효과를 적절히, 강력하게 사용한 것이다. 이는 여러 가지 암시를 준다. 「아바타」 이후 수많은 할리우드 제작진들이 거액의 제작비를 투자한 3D 영화들을 만들어냈다. 「아바타」보다 훨씬 더 입체적으로 그리고 훨씬 더 긴 시간 3D를 상영했지만, 관객들과 평단의 반응은 싸늘했다. 오히려 영화가 롤러코스터를 닮아간다며, 그렇다면 테마파크나 놀이공원 한 켠에 자리 잡고 있는 4D 체험 승용기구와 과연 어떤 차이가 있는 거냐는 비아냥이 들려왔다. 관객들은 새로운 기술에 놀라면서도 한편으론 기술만으로 가득 찬 영화에 불만을 표시했던 것이다.

3D 영화는 마치 영화의 미래 산업처럼 각광받았지만 어느 순간 이후로 급격히 축소되었다. 그때쯤 선보인 영화가 바로 알폰소 쿠아론 감독의 「그래비티Gravity」(2013)와 이안 감독의 「라이프 오브 파이Life of Pi」(2012)였다. 알폰소 쿠아론 감독은 우주 미아가 된 한 여성 우주인이 느낀 고독을 표현하기 위해 3D 기술을 사용했다. 영화의 입체감은 우리가 한 번도 경험해본 적 없는 우주 미아 체험에 대한 개연적 상상력을 건드렸다. 우주에 한 번도 나가본 적 없는 관객들이 그녀의 공포와

두려움에 흠뻑 공감했던 것이다. 「라이프 오브 파이」의 태평양 표류 역시 그랬다. 관객들은 침몰된 배에 탑승하거나 표류했던 경험은 없지만, 3D를 통해 소년의 두려움을 함께 느꼈다. 공감, 3D는 기술의 과시가 아니라 공감을 위해 쓰여졌을 때, 비로소 특수 효과로서의 가치를 발휘한 것이다.

앞서 말했다시피, 우주에 나가 허블 망원경을 고치거나 태평양을 혈혈단신의 몸으로 표류한 사람은 거의 없다. 아니, 확률상으로 보자면 아예 없다고 말해도 된다. 그렇다면, 관객들은 도대체 어떻게 그들의 고통과 고난, 외로움과 두려움에 이입할 수 있었을까? 그것이 바로 이 글의 맨 앞에서 이야기한 허구적 상상력의 힘이다. 우리는 사소한 경험을 내 것으로 받아들여 기록하고 간직함으로써, 그 경험을 유사한 다른 것으로 확장할 수 있는 사고의 힘을 가지고 있다. 그것은 바로 침소봉대의 힘이며, 위대한 개연적 감각의 힘이다. 즉, 바늘에 찔려본 적이 있기에 칼에 찔린 주인공의 고통에 공감하고, 그 고통에 공감하기에 주인공의 상황을 충분히 짐작한다. 영화 속에서 죽어가는 주인공이 지나치게 시간을 끌 때 우리가 "말이 안 된다"고 말할 수 있는 것은 한 번쯤 죽어보아서가 아니라 우리에게는 개연성의 훈련이 마련되어 있기 때문이다. 즉, 아무리 뛰어난 기술이라 할지라도 상상적 개연성을 능가할 수는 없다.

이렇게 말할 수도 있다. 영화 「국제시장」에서 과거의 한 장면을 사실적으로 보여주는 것은 분명 컴퓨터 그래픽의 힘이다. 하지만 과거를 구성하는 데 있어 그 장면을 선택한 것은 감독의 허구적 상상력이며 감독조차도 경험하지 못했던 과거를 재해석한 결과이다. 역사와 과거를 그려내는 훌륭한 작품들은 단순히 과거를 고증하는 데 매달리는 게 아니라 개연성 있는 재현을 위해 노력한다. 과거는 사실이지만 영화에서 과거를 재현할 땐 상상과 재해석 없이는 단순 기록물과 다를 바 없어진다. 중요한 것은, 결국 인간의 상상력과 재해석의 힘이다.

영화는 예술일까, 기술일까? 대답하자면 기술이 기반이 된 예술이다. 영화는 애초에 카메라 기술과 편집 기술이 없었더라면 세상에 존재하지 않았을 서사 양식이다. 그러나 기술만 있는 영화를 좋아하는 관객은 없다. 관객은 인간의 상상력과 허구적 가치가 기술을 통해 재현될 때, 비로소 가치 있는 영화로 이해한다. 그리고 그것이 맞는 말이기도 하다. 아무리 뛰어난 기술이라도 '이야기'가 없다면 긴 시간 관객의 망막을 괴롭히는 이미지 테러에 불과하다.

컴퓨터의 기능이 점점 더 향상되고, 영화 산업에 투자되는 자본이 증가할수록 영화에서 볼 수 있는 새로운 기술 역시 점점 더 늘어날 것이다. 영화의 내용을 분석하는 것도 중요하지만 앞으로 영화를 판단하는 데 있어 중요해지는 것은, 기술이 과연 적절하게, 얼마나 개연성 있게 사용되어 소기의 목적을 거두고 있는가 하는 부분이다.

사람들은 왜 영화를 볼까? 심심해서, 시간이 남아서, 남들이 보니까 영화를 본다고 대답할 수 있다. 하지만 질문을 좀 바꿔보자. "내 인생의 영화는 무엇인가?" 만일 질문을 이렇게 바꾼다면 아마도 각기 자기만의 스토리가 있는 영화들을 이야기할 것이다. 영화란 바로 그런 것이다. 영화는 매우 쉽게 우리 삶에 끼어들고, 때론 깊은 인상과 추억을 남긴다. 그리고 때로 어떤 영화는 오래도록 고민해왔던 삶에 대한 질문에 답을 주기도 한다. 왜 이렇게 입시는 지겨울까, 왜 사랑은 늘 마음 아플까와 같은 질문에 알맞은 대답이 영화 속에 등장한다. 그리고 바로, 이것이 인문학이다. 우리가 살면서 던지는 질문들을 함께 고민하고 그 사유의 질감을 공유하자며 누군가 먼저 말을 걸어주는 것, 그것이 바로 우리가 인문학이라 부르는 지식의 내용들이다. 결국, 영화는 삶에 질문을 던지고 또 답이 되어주는 인문학의 서가이다.

2부. 2D 인문학
: 영화는 거울,
우리 사회의 무의식을 찾아서

3부. 제로 인문학
: 영화는 학교,
영화가 안내하는 삶의 길들

영화의 기술이 나날이 화려해지고 있다. 과거 이미 영상으로 선보였던 만화 원작들이 영화로 새롭게 재탄생하는 경우도 바로 이 기술적 발전 덕분이다. 새로워진 기술로 더 박진감 넘치고 더 실감나는 영상을 만들어낸 것이다. 바야흐로 우리는 혁신적인 영화 제작 및 상영, 관람 기술을 누리고 살아가고 있다. 예전이었다면 드물었던 최신 시설의 첨단 영화관들이 주변에 즐비하다. 4D, 4K, 아이맥스, 돌비, THX 등 다양한 기술들이 우리의 감각을 유혹한다. 그런가 하면 아주 오래된 영화들이 재개봉의 이름으로 돌아오곤 한다. 지금의 기준으로 보자면 소박하다 못해 밋밋하기까지 한 영화적 기술이 사용되었지만, 그래서 무척 초보적이며 어설퍼 보이지만 어떤 점에서 이런 영화들은 최신 디지털 영화들이 갖지 못한 어떤 감동들을 전해준다.

「1부 3D 인문학」에서는 영화가 선보이는 최신 기술에서 출발한다. 영화에서 기술은 중요한 부분을 차지하지만 기술이 전부는 아니다. 훌륭한 영화로 평가받는 작품은 그 기술을 어떻게 사용했느냐로 결정된다. 즉, 인류의 상상력을 영화적 기술로 표현할 때, 그때 기술의 가치가 더 높아진다. 결국 영화적 기술이 삶을 입체화할 수 있을 때, 비로소 영화의 기술은 삼차원적 인문학의 기반이 될 수 있다. 삶의 어려움을 이해하고 그것에 대해 스스로 질문할 수 있도록 이끄는 기술, 바로 그것이 진정한 가치를 지닌 영화 기술이다.

3D 인문학

영화는 실험실, 화려해진 볼거리와 깊어진 질문들

그래비티
Gravity
2013
감독
알폰소 쿠아론
출연
샌드라 불럭
조지 클루니

1. 우주에서 마주한
삶과 죽음의 의미

혼자만의 시간과 우주의 공통점

새로운 사람을 만난다는 건 피곤한 일이다. 만나야 할 모든 종류의 사람들을 나는 오 년 전에 다 겪어버렸다. 그 후로는 사람보다는 책이, 책보다는 음악이, 음악보다는 그림이, 그림보다는 게임이 나를 편안하게

한다. _김영하, 「바람이 분다」 중

　때로는 가끔 아무도 없는 곳에 가고 싶다. 음악만 나오는 채널을 찾아 라디오 주파수를 헤맬 때, 사람보다는 책이 책보다는 음악이 위로가 될 때, 그럴 때 말이다. 고막을 누르는 깊은 침묵을 찾아 떠나고 싶을 때, 사람도 소음이 된다.

　하지만 그럴 때면 꼭 사람이 소음처럼 등장한다. 문을 나서자마자 엘리베이터에 탄 사람과 어색한 침묵을 공유해야 하고, 직장에서나 집에서나 말없이 지낼 수는 없다. 사회성이라는 훈련된 교양으로 억지로 웃음 띤 얼굴을 가장할 때도 있다. 그럴 땐 참 피곤하다. 산다는 게, 누군가와 함께 살아야 한다는 게, 그런 게 말이다.

　그렇다면 어떤 사람이 사람을 지겨워할까? 아마도 사람과 사람 사이의 관계에 상처를 입은 사람일 것이다. 방 안에 틀어박히는 은둔형 외톨이, 히키코모리처럼 대개 인간관계에서 상처를 입으면 그렇게 인간과 관계를 피해 혼자만의 공간을 찾아간다.

　하지만 지구상에 혼자만 있을 수 있는 곳이 있긴 한 걸까? 아무런 소음도 아니 아예 소리조차 없는 적막한 공간이 어디에 있을까? 지구에서의 삶이란 사실 부딪치고 넘어지고 다치는 일의 연속이다. 비유적인 의미에서 그리고 축자적인 의미에서 모두 중력 때문이다. 우리는 삶의 무게 때문에 다치고, 지구가 잡아당기는 중력 때문에 걷다가 넘어지고 날다가 추락을 하게 된다. 지구에서 중력gravity은 삶의 특별한 조건이 아니라 필연적 전제이다.

「그래비티Gravity」(알폰소 쿠아론, 2013)의 주인공 라이언(샌드라 불럭)에게 삶도 그렇다. 라이언 박사는 허블 망원경을 손보기 위해 파견된 우주인이다. 그녀는 지구의 삶을 피해 무중력의 우주로 떠나왔다. 그녀의 삶은 너무나 무겁다. 네 살 난 딸아이가 바로 그녀의 중력이다. 딸아이는 술래잡기를 하다가 미끄러져 머리를 부딪치는 사고로 죽고 말았다. 너무나 사랑스러운 아이를 다시는 안지도, 보지도 못한다는 상처. 그게 바로 그녀의 일차적 삶의 무게이다.

딸을 잃고 난 후 삶의 의미를 모두 잃게 된 라이언은 지구를 떠난다. 사람이 너무 지겨워, 관계에 지독하게 염증이 난 그녀에게 우주는 망명지이자 자발적 추방의 공간이다. 대기라는 매개가 없으니 우주에는 소리도 없다. 아무것도 없는 망망대해. 드디어 라이언은 고독할 수 있는 공간을 찾아낸 것이다.

중력은 삶의 무거움을 상징한다. '땅에 붙어버린 듯 굳어버린 발'과 같은 상투적 표현은 결국 책임과 의무, 고난과 시련의 무게를 짊어져야만 하는 삶의 고단함을 보여준다. 발목을 휘어잡는 힘, 중력은 곧 우리 삶의 무게를 비유한다. 점점 더 오르는 물가, 상대적으로 오르지 않는 월급, 아이들의 교육비, 질병, 불화, 죽음. 인간의 삶이라고 이름 붙여진 여러 가지 일들은 우리의 발걸음을 무겁게 하는 중력과 닮아 있다. 모래주머니를 달고 걷듯 어느 나이가 지나면 삶을 걸어가는 것 자체가 힘겨워지기도 한다.

삶에 환멸을 느끼는 자에게 우주는 훌륭한 망명지가 되어줄 수 있다. 적어도 우주를 유영하는 동안만큼은 삶의 무게로 고통을 겪을 필요가 없으니 말이다. 공기가 없으니 소리도 없고 중력이 없으니 발붙일 땅도 없는 곳, 때로 지구가 고통인 자들에게 우주는 훌륭한 도피처가 되어준다. 라이언 박사는 지구에서의 삶을 이렇게 고백한다. "병원에서 일하고, 라디오를 들으며 퇴근했죠. 사람의 말소리 없이 계속 음악만 나오는 라디오를 들으며 말이죠"라고.

라이언이 지구를 떠난 이유는 단 하나이다. 더 이상 사람이, 관계가 싫어졌기 때문이다. 그러므로 우주는 그녀에게 일종의 망명지이며 탈출구였다. 사람과 직접 접촉하거나 업무 이외의 이야기가 필요 없는 장소였으니 말이다. 적막에 빠지기 위해 라이언은 우주를 선택한다.

삶의 무게가 없다면, 과연 행복할까?

영화의 줄거리는 무척 간단하다. 허블 망원경을 수리하던 라이언과 일행들에게 갑자기 사고가 닥친다. 파괴된 인공위성의 잔해가 이들이 탄 탐사선의 궤도에 침투한 것이다. 잔해에 부딪힌 탐사선은 처참히 파괴되고, 그녀와 베테랑 동료 단둘만이 살아남는다. 하지만 안타깝게도 그녀만이 최후의 생존자로 남게 된다.

영화는 드넓은 우주에 홀로 동떨어진 여성 조난자를 보여준다. 지구가 눈앞에 보이긴 하지만 동력과 산소를 잃어가기에 그녀는 지구로 되돌아갈 수 없다. 영화는 한 시간 반 동안 그녀가 겪는 두려운 조난을 묵묵히 보여준다. 라이언이 겪었던 과거의 일들은 몇몇 대사에 의해 간단히 처리된다. 우주 그리고 그녀, 우리는 우주를 생각하며 단 한 번도 생각지 못했던 어떤 본질적 고민과 마주하게 된다. 그런데 이 단순하게만 보이는 이야기는 놀라울 정도로 경이로운 감동을 자아낸다. 인간과 삶, 우주와 운명의 역설이 영화를 보는 내내 머릿속을 가득 채운다.

삶에 미련이 없다고, 지구의 중력이 지겹다고 말하던 라이언이었지만 막상 우주 미아가 될 위험과 마주하자 삶을 격렬히 갈구한다. 혼자 있는 삶, 고독한 삶을 원했지만 강제적 소외 즉 우주 미아로서의 신세는 고독이라는 욕망 자체를 우습게 만들어버린다.

조절 가능한 고립을 우리는 고독이라고 부른다. 하지만 고독과 고립은 종이 한 장 차이이다. 우주선과 자신을 연결하는 고리 하나를 잃게 될 때 그토록 원했던 고독은 고립이 되고 만다. 자신이 혼자 있는 것을 아무도 모를 때, 자발적으로 고립을 끝낼 수 없을 때 고독은 공포가 된다.

그 고독은 결국 죽음에 대한 공포와 닮아 있다. 피할 수도, 조절할 수도 없는 절대적 고독, 그것은 죽음이라는 미지의 영역, 예견된 미래이다. 중요한 것은, 죽은 자는 말을 할 수 없다는 것이다. 생존의 서사는 존재하지만 죽음 이후를 보여주는 기록은 없다. 이야기든 기록이든 모두 살아남은 자의 언어를 통해 전달된다. 살아남지 못한다면 라이언의 이야기도 전해질 수가 없다.

막상 우주선으로부터 분리돼 우주를 떠다니게 되자 라이언은 먼지처럼 미미한 자신의 존재를 확인한다. 영화에서 가장 관객들의 호기심을 끄는 것 중 하나는 결국 무엇이 라이언을 살아남게 하느냐이다. 라이언은 경험 많은 베테랑도, 그렇다고 체력이 남다르게 뛰어난 사람도 아니다. 영화의 중반부에서 라이언은 스스로 삶을 포기하려 하기도 한다. 하지만 라이언은 살고자 하는 의지를 되찾고, 기술이 아닌 의지력으로 지구로 되돌아온다. 생에 대한 의지, 결국 그 의지가 생존 여부를 결정지은 것이다.

「그래비티」의 주인공 라이언의 이야기는 어떤 점에서 영화 「라이프 오브 파이 Life of Pi」*(이안, 2012)의 주인공 파이의 생존기와 닮아 있다. 차이가 있다면 파이가 태평양을 표류하는 데 반해 라이언은 우주를 표류한다는 점 정도이다. 이 표류 과정에서 두 사람이 느끼는 혼돈과 질문은 동일하다. 과연, 삶이란 무엇인가 그리고 살아감에 있어서 의지는 어떤 역할을 하는가라는 질문 말이다.

「그래비티」는 딸의 죽음 이후 삶에 대한 의지를 잊고 살던 라이언이 자발적으로 다시 강렬하게 삶을 원하게 되는 과정을 보여준다. 삶은 고단하다. 하지만 그 고단함이야말로 우리가 이 땅에 발을 붙이고 살게 하는 실질적인 흡인력이기도 하다. 절대적 고독을 원한다고 하지만 그 고독조차 삶의 일부이다. 살아남는 것, 영화가 말하는 절대적 선善은 바로 그것이다. 상처도, 고독도, 아픔도 모두 살아 있는 자들의 이야기이기 때문이다.

> **「라이프 오브 파이」**
> 소년 파이가 277일간 태평양을 표류한 끝에 멕시코만에 닿게 되는 생존기를 다룬 어드벤처 영화.

「그래비티」의 첫 장면에서 우리는 우주인의 관점에서 지구를 보게 된다. 실제로 우주에 나가본 사람은 거의 없을 것이다. 우리는 영화적 기술과 그 완성도 높은 결과물을 통해 지구를 시·청각 이미지로 체험한다. 중요한 것은 이 기술적 재현이 단순히 기술박람회 수준의 전시 효과를 거두는 데서 멈추지 않는다는 점이다. 「그래비티」는 3D 기술과 영화적 기술을 위해 이야기를 종속시키거나 제한한 작품을 넘어선다.

「그래비티」는 우리가 영화적 기술을 통해 보고 싶어 하는 것이 무엇인지를 확인시켜준다. 뛰거나 나는 느낌을 주는 오락적 체험이 아니라 상상력이 갈구했던 어떤 세계와의 만남, 그 시각적 실현이 곧 영화적 기술임을 깨닫게 해주는 것이다. 「그래비티」의 3D는 우주라 부르는, 우리가 알고는 있지만 아직 시각적으로 체험하지 못한 그 세계를 눈앞에 제시해준다. 그와 함께 삶과 죽음이라는 실존적 질문을 우주적 차원으로까지 확장해준다. 감각적 즐거움을 재현하는 것이 아니라 시각적 체험이 삶을 돌아보는 질문이 될 때 영화적 기술은 삶의 일부가 된다.

「그래비티」가 우리에게 전달해주는 감정은 곧 칸트가 말한 '숭고의 감정'과도 같다. 우주인의 시점에서 지구를 바라볼 때, 우주 미아가 된 라이언이 간절함과 공포를 토로할 때 관객들은 그 공포와 긴장을 간접 체험하게 된다. 그것은 광활한 우주의 힘이자 자연에 대한 외경감이기도 하다.

칸트는 인간이 만들어낸 인위적 예술을 미美라 칭하고 이와 대조적인 자연의 힘을 '숭고'라고 불렀다. 숭고한 것은 그 힘의 세기나 능력을 인간의 지성으로 측정하거나 재현해낼 수 없다. 어마어마한 크기의 폭포나 예측하기 어려운 재난처럼 말이다. 자연의 숭고 앞에 인간은 아주 작은 피조물에 지나지 않는다. 하물며 인간이 만들어낸 기술은 이 원대한 언어를 해독할 약간의 방책일 뿐이다.

「그래비티」에 사용된 영화적 기술은 인간의 기술이 지닌 위대함이라기보다 자연과 우주가 지닌 숭고를 보여주는 데 사용되고 있다. 인간으로 하여금 삶과 죽음의 섭리 앞에 겸손하게 만드는 힘을 가진 작품인 셈이다. 죽을힘을 다해 살아남는 것, 「그래비티」는 이 역설을 보여준다.

지금껏 SF 영화는 가상의 질문들을 던져오곤 했다. 만약에 로봇이 지구를 지배한다면, 만약에 외계 생물이 있다면, 만약에 인간의 창조주가 따로 있다면 등의 질문 말이다. 이 '만약에'라는 말 속에는 '아직' '도래하지 않은' '일어날 법하지만 현실은 아닌'이라는 유보의 의미가 자리 잡고 있다. 그런데 「그래비티」는 이 '만약에'라는 질문을 간접 체험을 넘어선 인문학적 질문으로 확장했다.

「그래비티」의 감동은 기술적 완벽성 그 자체에서 기인하는 게 아니다. 결국 기술이란 우리 삶이 가진 여러 가지 의문을 풀어가고 그 질문의 깊이를 더해가는 구체적 방법이다. 인간의 삶이 지닌 모순을 직시하고 그것에 인문학적 질문을 던지는 것, 모든 기술의 끝에는 인간이 있다.

생각해볼 문제

1. SF 영화들은 인간의 조건에 대한 근본적인 질문을 던지곤 한다. 인간의 조건이라는 철학적 질문을 화려한 볼거리와 함께 제시하는 것이다. 그렇다면 영화 속에 등장하는 철학적 질문에는 어떤 것들이 있는지 구체적인 작품과 함께 생각해보자.

2. 인간은 사회적인 동물이지만 혼자만의 시간이 필요할 때도 있다. 하지만 혼자만의 시간이 길어지면 독이 되기도 한다. 고독이 삶에 어떤 긍정적 혹은 부정적 영향을 미치는지 생각해보자.

3. 『로빈슨 크루소』 같은 소설이나 「캐스트 어웨이」 같은 영화에서 주인공은 어떻게 해서든 원래 살던 공간으로 돌아오고자 한다. 고독과 사회성에 대해 생각해보자.

4. 책은 혼자 읽어야만 한다. 책을 읽을 때 어떤 마음의 준비가 필요한지 생각해보자. 잠들기 전에 읽는 책, 여행 중에 읽는 책, 독후감을 쓰기 위해 읽는 책 등 각기 다른 책 읽는 순간을 기록해보고 비교해보자.

함께 보면 좋은 책

- 『밤의 여행자들』(윤고은)
- 『쥐』(아트 슈피겔만)
- 『파이 이야기』(얀 마텔)

함께 보면 좋은 영화

- 「127시간127 Hours」(대니 보일, 2010)
- 「캐스트 어웨이Cast Away」(로버트 저메키스, 2000)
- 「타이타닉Titanic」(제임스 캐머런, 1997)
- 「에이리언Alien」(리들리 스콧, 1979)

라이프 오브 파이
Life of Pi
2012
감독
이안
출연
수라즈 샤르마
이르판 칸

2. 이것이 진짜 3D다!
상상의 힘, 이야기의 힘

삶과 여행, 그리고 항해

삶은 종종 항해에 비유된다. 망망대해를 떠도는 배 한 척, 저녁노을의 아름다움도 있지만 성난 들짐승처럼 포효하는 파도와 거센 물살, 아름다운 돌고래들의 유영과 날카로운 이빨을 번쩍이는 상어의 위협이 공존하는 곳. 그런 바다를 건넌다는 것은, 인생이 주는 희로애락을 모두 맛본다는 의미이기도 하다. 바다는 곧 인생이고, 그래서 이야기 속에서 바다를 건넌다는 것은 인생을 살아보는 것을 상징하기도 한다.

바다를 소재로 한 영화들은 많다. 우선 바다와 재난을 연결시킨 재난 어드벤처물이 있다. 「타이타닉Titanic」(제임스 캐머런, 1997)이나 「포세이돈 어드벤처The Poseidon Adventure」(로널드 님, 1972) 같은 영화들이 그렇다. 이 영화들에는 공통적으로 매우 큰 배가 등장한다. 이 배는 자연의 위엄을 다스리려는 인간의 욕망 그리고 더 화려하고 사치스러운 것으로 치장하려는 세속적 욕심을 상징한다. 그런데 문명의 소산인 이 큰 배는 작은 산호나 장애물 혹은 풍랑 앞에서 속절없이 파괴된다. 자연의 위대한 섭리 앞에 인간이 가진 지혜는 사소한 잔재주가 되고 만다.

문명 위에 쌓아 올렸던 욕망의 탑 역시 삶과 죽음이 구분되는 재난의 현장에서는 아무것도 아닌 게 된다. 반파되거나 전복된 배에서 살아남는 데 고가의 보석이나 화려한 구두는 도움이 되지 않는다. 오히려 방해가 된다면 될 뿐. 이럴 땐 노련한 이의 경험이 그나마 큰 도움이 된다. 그리고 사랑하는 마음과 희생이 다른 생명을 구해내기도 한다. 수백 명의 인간을 배에 태운 것은 기술이지만 결정적 순간에 인간을 재난에서 구원하는 것은 기술이 아니라 인간적 희생과 배려이다. 그래서 바다와 항해, 재난을 그린 영화는 대개 사랑과 희생이라는 결론에 가닿는다. 「타이타닉」에서 연인 로즈를 살린 잭의 희생처럼 말이다.

그런 점에서 「라이프 오브 파이Life of Pi」(이안, 2012)는 좀 독특한 작품이다. 이안 감독은 인터뷰에서 이 영화를 단순한 어드벤처물로 봐달라고 부탁했다. 하지만 단순한 모험 영화로 보기엔 이 영화가 가진 깊이가 만만치 않다. 소재로 보면 이 영화는 분명 해양 어드벤처, 재난 영화이다. 하지만 기존 영화들과 몇 가지 차이점이 있다. 첫번째 차이는 항해하는 이가 소년 단 한 명뿐이라는 점이다. 두번째 차이는 소년이 탄 배가 겨우 구명정 한 척이라는 사실이다. 망망대해를 항해하는 데 그가 의지할 것이라곤 이 구명정 한 척뿐이다. 세번째 차이는 그 구명정에 사람이 아니라 동물들이 동승한다는 것이다. 게다가 동물들도 가지각색이다. 호랑이 '로버트 파커,' 줄무늬 얼룩말, 침 흘리는 오랑우탄 '오렌지 주스,' 비열한 하이에나. 소년은 이 네 마리 동물과 함께 태평양 항해를 시작한다. 언제 어떻게 끝날지 모르는 긴긴 표류를 말이다.

그런데 과연, 이 동물들과의 항해는 정말 사실적인 이야기로 봐야 할까? 아니면 어떤 사태에 대한 상징이나 메타포(은유)로 봐야 할까? 바로 여기에 영화 「라이프 오브 파이」를 읽는 열쇠가 놓여 있다.

신과 인간, 그리고 믿음에 대한 이야기

상징이냐 사실적 재현이냐를 구분하기 위해서는 주인공 파이에 대해 살펴볼 필요가 있다. 태평양을 표류하기 전, 소년 파이가 어떤 인물인지 묘사해놓은 부분 말이다. 작가와 감독이 공들여 묘사한 파이의 성격엔 매우 중요한 단서들이 있다. 첫번째 단서는 그의 이름에 있다. 그의 원래 이름은 프랑스에서 가장 맑은 수영장의 이름을 딴 '피신'이었다. 맑고 깨끗한 영혼을 가지라는 좋은 뜻에서 지어주었지만 영어로 읽을 때 피신은 오줌을 싼다는 뜻의 '피싱pissing'과 종종 혼동되곤 했다. 아니나 다를까 피신은 학교에서 오줌싸개라고 놀림받는다. 그래서 피신은 자신의 이름을 '파이'로 고쳐 부르기로 선언한다. '피신'은 '파이'가 되기 위해 길고 긴 원주율 숫자를 모두 외운다. 그렇게 대단한 노력 끝에 피신은 스스로 자신의 이름을 파이로 바꾸는 데 성공한다.

말하자면, 피신은 주어진 운명에 굴복하거나 좌절해 울부짖는 인간형과는 거리가 멀다. 사람들에게 이름은 주어진 운명과 같다. 그래서 놀림을 당한다 해도 보통은 부모님이 지어준 이름을 바꿀 생각까진 하지 못한다. 하지만 파이는 스스로 이름을 바꾼다. 이는 주어진 모든 것, 선천적인 것, 운명마저도 스스로 결정하겠다는 의지의 표현이다. 이름을 바꿀 정도라면 자신의 계급이나 한계에 대해서도 결코 호락호락 받아들이거나 좌절할 리 없다. 그러므로 피신, 아니 파이는 의지가 매우 강한 인간이라고 말할 수 있다.

두번째 단서는 그가 매우 많은 종교에 관심을 갖고 한꺼번에 그 종교들에 심취하기도 했다는 점이다. 인도인인 파이는 힌두교에서 말하는 삼라만상의 진리와 우주에 황홀한 감동을 받기도 하고 기독교의 희생에 경탄을 금치 못한다. 이슬람교도처럼 무릎과 머리를 땅바닥에 댈 때에는 신과 바로 접촉하는 듯한 안정감을 느낀다고 고백한다. 파이에게는 이 세상 모든 것이 다 진리이자 종교이며 사랑이다. 사람들은 자신이 믿는 신 외에 타인의 믿음은 인정하려 들지 않는다. 그래서 때로 종교는 극심한 분쟁의 원인이 되기도 한다. 하지만 파이는 신이란 결국 인간이 겪는 고난을 견디게끔 해주는 위안이라고 생각한다. 다른 이름, 다른 방식, 다른 절차 따위는 중요한 문제가 아니라는 듯 말이다.

세번째 단서는 파이의 아버지가 인도에서 동물원을 운영했다는 점이다. 파이의 아버지는 호랑이에게 살아 있는 염소를 먹이로 주며 아들에게 약육강식의 세계를 직접 보여준다. 더불어 그는 아들에게 인간 역시 동물 중 하나라는 것을 깨우쳐준다.

동물원 지원금이 끊겨 더 이상 인도에서 살기 힘들어지자 파이의 아버지는 캐나다로의 이민을 결정한다. 파이는 가족들과 태평양을 횡단하는 화물선에 오르지만, 폭풍우가 몰아쳐 부모, 형제를 모두 잃고, 한 척의 구명정에 맹수 호랑이와 단둘이 남게 된다. 배를 곯은 호랑이는 호시탐탐 파이를 노린다. 호랑이를 피해 달아나려고 해도 구명정 밖에는 상어들이 득실거린다. 하는 수 없이, 파이는 호랑이를 길들이며 호랑이와 함께 태평양을 횡단하게 된다.

이러한 파이의 성장 배경과 성격, 그동안의 에피소드들은 파이가 태평양을 횡단하는 데 중요한 열쇠를 쥐고 있다. 앞서 말한 세 가지 단서에서 알 수 있듯, 파이는 스스로 이름을 고칠 만큼 의지가 강하며, 초월적 힘에 의존할 줄 아는 지혜를 가진 인물이다. 여기에 아버지의 교육은 파이가 형이상학적 세계에만 머물지 않도록 삶의 이치를 보태어준다. 결국, 그것들은 파이가 재난을 이겨내는 데 가장 큰 자산이 된다. 그렇다면 어떻게 파이의 이야기가 인생에 대한 메타포가 될 수 있는 것일까? 이제, 본격적으로 그의 항해를 들여다보자.

인생이라는 망망대해에 내던져진 우리

우여곡절 끝에 구명정에 올랐지만 그곳 역시 위험하기는 마찬가지다. 왜냐하면 그 구명정 안에는 호시탐탐 먹을거리를 노리는 하이에나와 언제 엄청난 위력의 앞발을 휘두를지 모를 벵골 호랑이 리처드 파커가 타고 있기 때문이다. 게다가 하이에나는 악명 높은 그 이름을 증명이라도 하듯 다리를 다친 얼룩말의 배를 물어뜯고 이를 말리는 오랑우탄 오렌지 주스를 물어 죽인다. 파이는 하이에나의 폭력을 저지할 만한 아무런 행동도 하지 못한다. 다만 배 옆에 튜브로 만든 작은 도피처를 마련해두고 목숨이 위협받는 순간엔 잠시 도망가 있을 뿐이다.

배를 벗어난다고 해도 위험은 줄지 않는다. 대양의 식인상어는 언제든 신선한 단백질을 노린다. 리처드 파커와 하이에나만 문제가 되는 것도 아니다. 배고픔을 이겨내야만 하고 햇빛을 피해야 하며 식수 문제도 해결해야 한다. 무엇보다 배고픈 맹수들을 달래주어야 한다. 호랑이를 굶겼다가는 자신이 호랑이 밥이 될지도 모르니 말이다.

한 척의 구명정에 의지한 채 고군분투하는 파이의 모습은 삶을 살아나가는 우리의 처지와 다를 바 없다. 우리는 그렇게 언제 우리를 덮칠지 모르는 위험을 곁에 둔 채 살아간다. 호랑이는 여러 가지 이름으로 우리 곁에 머문다. 고3에게는 입시가 호랑이이고 대학 졸업생에겐 취

업이 호랑이이며 운전자에겐 교통사고가 호랑이이다. 호랑이는 늘 삶
곁에 잠복해 있는 불운이나 예기치 못했던 사고라고 할 수 있다.

중요한 사실은 파이가 어쩌면 호랑이 덕분에 태평양 횡단에 성공했
을지도 모른다는 점이다. 역설적이게도, 호랑이라는 위험은 파이를 절
망과 고독으로부터 지켜준다. 호랑이를 간수하느라 정신이 쏙 빠진 사
이, 파이는 어느새 태평양을 건너 뭍에 다다른다. 만약 배 위에 호랑이
가 없었다면 파이는 훨씬 더 먼저 삶에 대한 의지를 버렸을 것이다. 그
는 눈앞의 위기를 다스리기 위해 긴장하고 머리를 쓰느라 절망이나 권
태에 빠질 겨를이 없었다. 일상적으로 반복되는 지루한 삶 그리고 자잘
한 고통들은 오히려 큰 고통의 면역제가 되어준다. 역설적으로 말해,
때로는 삶의 문제들이 우리를 더욱 강하게 단련시키는지도 모른다.

진정한 3D, 스토리와 기술의 결합

「라이프 오브 파이」에서 가장 충격적으로 다가오는 것은 바로 재앙
의 사실성이다. 이 영화는 영화사상 가장 공포스러운 재난을 보여준
다. 3D 영상 너머로 배 안에 차오르는 바닷물과 눈앞에 다가온 호랑이
의 포효는 진짜 공포가 무엇인지를 체감하게 해준다. 이안은 말랑말랑
하게 조련된 영화용 재앙이 아니라 사실적 재앙을 3D를 통해 감각적
으로 재현해냈다. 특히 CG와 특수 효과를 통해 재현된 폭풍우는 실제
처럼 느껴져서 관객으로 하여금 배의 전복이나 침수의 공포를 고스란

히 전달한다. 덕분에 소년에게 다가온 구원이 눈물겹도록 감사해진다. 3D 기술로 구현된 파이의 여정을 통해 우리는 삶의 희로애락을 더욱 더 실감나게 간접 체험하게 된 것이다.

안타깝게도 3D는, 그동안 영화계에서 기술 의존 스토리 부재에 대한 상징이 되곤 했다. 출발부터 그랬던 것은 아니다. 적어도 제임스 캐머런 감독이 「아바타Avatar」(2009)를 만들었을 때, 3D는 영화의 미래로 환대받았다. 중요한 것은 「아바타」가 단순한 기술 혁신이 아니었다는 점이다. 「아바타」에는 3D에 걸맞은 이야기가 있었다.

그런데 영화 제작자들은 이 중요한 사실을 자꾸 잊는다. 3D 영화라고 하면 무조건 날고 떨어지는 현란한 영상으로만 채우려 든 것이다. 영화 스크린을 기술박람회와 착각하는 현상들이 반복되었다. 기술과 자본의 힘이 월등한 할리우드에서 이 현상은 더 심했다. 화려한 볼거리를 강조하기 위해 3D는 남용되었지만 이야기는 갈수록 허술해졌다.

그런데 이안은 기술박람회용 3D에 정면으로 승부를 건다. 이안은 3D로 화면을 채우는 것을 고민한 게 아니라 비우는 것을 고민했다. 배 한 척 외에 아무것도 없는 텅 빈 바다. 이안은 구조물이 아니라 '물'을 3D로 표현함으로써 새로운 영화적 힘을 재현하고자 했다. 단순하고 투명한 물을 3D로 표현하는 것, 이는 이안이 입체적으로 구현한 정신의 상징이기도 하다. 그에게 3D는 우리의 눈을 통해 볼 수 없는 상상을 구체화할 수 있는 유용한 기술이다. 이안은 말한다. 상상이란, 궁핍한 삶의 가장 깊은 바닥에서 인간을 구원해줄 수 있는 마지막 힘, 정신의 힘이라고 말이다. 기술 역시 상상력을 구현하는 수단이다. 「아바타」를 연출한 제임스 캐머런이 「라이프 오브 파이」를 두고 "3D의 패러다임을 깨부순 영화"라고 평가한 이유도 여기에 있다. 보이지 않는 세계를 보이는 이미지로 재현하는 것, 그 속에서 상상의 힘과 인간의 힘, 삶의 의미를 보여주는 것. 그것이 바로 진짜 영화 기술의 힘이다.

생각해볼 문제

1. 「라이프 오브 파이」에서 가장 기억에 남는 환상적 장면은 무엇이었나? 만약, 그 장면이 영화적 기술의 도움 없이 대사로만 처리되었다면 어떤 차이가 있었을까?

2. 삶을 여행에 비유하는 서사 작품들이 많이 있다. 『노인과 바다』『모비 딕』과 같은 작품에서 항해는 인생의 개념으로 사용된다. 왜 인생과 항해는 종종 비교될까? 삶과 항해의 공통점과 차이점을 비교, 대조해보자.

3. 「라이프 오브 파이」의 주인공 파이는 여러 신들을 접하고 각각의 종교의 다른 매력을 알게 된다. 모든 종교의 중심에는 우리가 '신'이라고 부르는 존재가 있다. 과연 우리는 언제 '신'을 찾게 될까? 고난의 순간, 신이 준 선물을 만나게 된 파이의 경험을 두고 이야기해보자.

4. 파이는 긴 표류를 마치고 뭍에 닿는다. 기적적인 사건이지만 선박 회사의 직원들은 파이에게 우화가 아닌 인과관계로 설명해달라고 요구한다. 그래서 파이는 완전히 다른 두 가지 이야기로 사건을 정리한다. (한 가지는 동물들의 우화, 다른 한 가지는 어머니와 프랑스 요리사, 대만인 선원이 등장하는 사실적 이야기.) 과연, 어떤 이야기가 사실이었을까? 각자 자기가 진실이라고 믿는 이야기를 논리적으로 설명해보자.

함께 보면 좋은 책

- 『15소년 표류기』(쥘 베른)
- 『노인과 바다』(어니스트 헤밍웨이)
- 『파리대왕』(윌리엄 골딩)

함께 보면 좋은 영화

- 「캐스트 어웨이Cast Away」(로버트 저메키스, 2000)
- 「타이타닉Titanic」(제임스 캐머런, 1997)
- 「포세이돈 어드벤처The Poseidon Adventure」(로널드 님, 1972)

엣지 오브 투모로우
Edge of Tomorrow
2014
감독
더그 라이만
출연
톰 크루즈
에밀리 블런트

어바웃 타임
About Time
2013
감독
리처드 커티스
출연
도널 글리슨
레이철 매캐덤스

3. 과거로 돌아간다고? 시간 여행의 인생론

시간 여행, 영화가 보여주는 마술

과거와 현재, 미래를 넘나드는 시간 여행은 SF 영화의 단골 소재이다. 「사랑의 블랙홀Groundhog Day」(해럴드 래미스, 1993)처럼 매일매일이 반복되어 무료한 일상을 살아가는 주인공이 있는가 하면, 「이프 온리If Only」(길 정거, 2004)처럼 시간을 되돌려 운명을 바꾸는 경우도 있다. 아예 타임머신을 만들어 과거로 돌아가 부모님의 연애에 끼어드는 「백투 더 퓨처Back to the Future」(로버트 저메키스, 1985)는 이런 유의 영화의 대명사가 되었다. 시간 여행은 영화라는 마술을 통해서만 경험할 수 있는 흥미로운 체험이다. 왜냐하면, 시간을 돌이키고 그것을 시각적 이미지로 재현하는 것은 영화 외에는 절대 불가능한 일이기 때문이다.

소설가 이탈로 칼비노°는 '삶의 일회성과 죽음의 필연성'에 대해 말한 바 있다. 여기엔 우리가 인간의 삶이라고 부르는 운명의 한계가 모두 포함되어 있다. 아무리 현명하거나 부유한 사람이라고 해도 삶을 여러 번 살 수는 없다. 오늘 보낸 시간은 손바닥 위의 모래처럼 흘려보낼 뿐이다. 이 일회성의 끝에는 죽음이 기다리고 있다. 인간이라면 누구나 한 번 태어나고, 한 번 죽는 것이다.

하지만 예술이란 이 운명의 굴레를 벗어나는 상상의 도전이다. 물리적 현실이나 과학적 사실은 시간이 한 방향으로 흘러갈 수밖에 없다고 말하지만, 상상의 영역에서만큼은 이 흐름을 바꿀 수 있다. 시간을 되돌릴 수도 있고 이미 고인이 된 사람을 되살릴 수도 있다. 현실에서는 불가능하지만 영화에서는 가능한 것이다.

영화는 시간의 마술이다. '편집'이라고 부르는 영화의 기본 서사 구조는 시간의 순서를 뒤섞는 데서 출발한다. 영화는 삶의 순간 중 중요한 부분을 선택적으로 골라내고, 그 순서 역시 임의적으로 구성한다. 꼭 과거가 먼저 나오고 현재가 중간

> **이탈로 칼비노**
> 이탈리아 소설가. 현대 환상 문학의 거장. 주요 작품으로 『우주만화』『보이지 않는 도시들』『존재하지 않는 기사』 등이 있다.

에 나올 필요가 없다. 영화 속에서는 매우 짧은 시간이 길게 느껴지도록 슬로모션으로 재현되기도 한다. 심리적 시간이 물리적 시간을 대신하는 것이다. 가령, 교통사고가 나는 장면 같은 경우가 그렇다. 실제 사고 시간은 몇 초에 불과하지만 슬로모션으로 1분 이상 재생되곤 한다. 때로, 이 슬로모션은 감정적 놀라움을 반영하는 정서적 연출로 쓰일 때가 있다. 아름다운 여인을 목격했을 때, 시간이 천천히 흐르는 듯 그녀의 움직임을 느리게 묘사한다거나 그녀의 아름다움에 반한 남자의 동공이 커진 채 오래 멈춰 있는 장면은 이런 순간들에 대한 영화적 표현이라고 할 수 있다.

시간의 흐름을 자유자재로 재구성해 재현하는 작업은, 문자를 기반으로 한 소설에서는 묘사와 플롯을 통해 구현된다. 하지만 영화에서는 편집을 통해 시각적으로 연출된다. 눈코 뜰 새 없이 바쁜 순간은 교차편집을 통해 압축된 시간으로 표현되곤 한다. 최동훈 감독의 「전우치」(2009)와 같은 영화에서 이 공간, 저 공간으로 움직이는 전우치의 축지법 도술도 영화적으로는 매우 간단한 표현 영역에 속한다. 연극이었다면 마술쇼와 같은 무대장치가 필요하겠지만 영화에서는 영상 편집술로 충분히 축지법이나 공간 이동, 타임 워프*를 재현할 수 있다.

타임 워프
시간 왜곡. 시간의 흐름이 왜곡되어 과거나 미래의 일이 현재에 뒤섞여 나타나는 현상.

스페이스오페라**류의 SF에서도 역시 시간 여행과 공간 이동은 단골 소재였다. 여기에는 물리적 불가능성을 시각적 이미지로 재현하려는 인류의 오래된 욕망이 자리 잡고 있다. 그런 점에서 톰 크루즈 주연의 「엣지 오브 투모로우Edge of Tomorrow」(더그 라이만, 2014)와 워킹타이틀사의 「어바웃 타임About Time」(리처드 커티스, 2013)은 시간 여행, 공간 이동 영화사에 독특한 흔적을 남긴 작품이라고 할 수 있다.

죽어야 사는 사나이

어떤 실수를 저지르고 난 이후 가장 간절하게 바라는 것 중 하나는 이런 것일 테다. '한 번만 더 기회가 주어진다면 똑같은 실수를 저지르지 않을 텐데'라는 바람 말이다. 이런 바람에서 출발한 영화가 바로 「엣지 오브 투모로우」이다. 이 작품은 「올 유 니드 이즈 킬All You Need is Kill」이라는 사쿠라자카 히로시의 라이트 노벨을 원작으로 삼고 있다.

지금으로부터 그리 멀지 않은 미래, 미믹이라고 불리는 외계 종족의 침략으로 지구는 멸망 위기에 놓이고 만다. 빌 케이지(톰 크루즈)는 사람들에게 참전을 격려하는 홍보장교이다. 사람들에게 참전을 종용하지만 사실 그가 전쟁에 대해 아는 것은 말뿐이다. 실전에 참가해본 적 없는 그는 군인이라기보다는 설교나 행정가에 더 가깝다.

하지만 이런 그가 갑작스럽게 실제 전장에 배치받게 된다. 아니나 다를까, 빌은 전투에 참가하자마자 죽고 만다. 그런데 정작 문제는 죽은 다음

스페이스오페라
우주를 배경으로 하는 모험담을 다룬 SF물. 우주 공간, 우주여행, 외계인 등을 소재로 한 작품을 일컫는다.

부터이다. 눈을 뜨니, 전장에 도착했던 바로 그 순간의 '빌'로 다시 되돌아가 있는 것이다. 다시 전쟁에 참여하고 또 죽고, 다시 죽기 전 상황으로 돌아가는 믿을 수 없는 일이 계속 반복된다. 죽기 전 외계인의 피를 뒤집어쓰면서 빌은 같은 시간대를 반복해서 살게 되는 타임 루프°에 갇히게 된 것이다.

이후 이야기는 타임 루프에 갇힌 빌이 반복되는 경험 속에서 진짜 군인으로 거듭나는 과정을 담고 있다. 같은 증상을 앓았던 여전사의 이야기도 보태진다. 이제 그들은 이 학습 효과를 토대로, 외계인의 약점을 찾아내 지구를 지켜내고자 한다.

영화 「엣지 오브 투머로우」는 「사랑의 블랙홀」과 같은 타임 루프 영화이다. 하지만 「사랑의 블랙홀」은 제목이 암시하는 바처럼 누군가와 가까워지는 시간이 반복되는 데 비해 「엣지 오브 투모로우」의 반복이나 학습 효과는 그 문법이 다르다. 「엣지 오브 투모로우」의 반복은 마치 게임의 리셋과 꼭 닮아 있다. 게임 속 캐릭터를 사용해 미션을 클리어해나가다가 캐릭터가 죽게 되면 다시 전 단계로 돌아가 학습한 대로 위기를 모면하는 과정과 꼭 닮아 있기 때문이다. 그래서 주인공 빌이 거듭 죽고 다시 살아나지만 삶과 죽음이라는 단어가 주는 무게감은 없다. 심지어 그는 뭔가 잘못됐다 싶으면 자신의 머리에 총을 쏴서 죽어버리기까지 한다.

더그 라이만 감독의 전작인 「점퍼Jumper」(2008)가 공간적 이동에 대한 욕망의 고백이었다면 「엣

> **타임 루프**
> 동일한 시간대가 계속 반복되는 것.

지 오브 투모로우」는 시간을 조율하고픈 욕망의 반영이라고 할 수 있다. 시간을 종이처럼 맘대로 접었다 펼 수 있다면, 아마 실수라고 부르는 인간적 행동은 거의 없어질 것이다. 미션은 완수되고, 실패하는 일이나 후회하는 일도 없을 것이다. 「엣지 오브 투모로우」는 이 욕망을 발랄한 게임의 문법으로 그려낸 작품이다.

실수하는 인간과 책임 있는 인간

반면, 영화 「어바웃 타임」에서 시간 이동은 매우 심리적이며 정서적인 바람의 변주이다. 성인이 된 어느 날, 아들 팀(도널 글리슨)은 아버지로부터 놀라운 비밀을 듣게 된다. 집안의 남자들에게 시간을 돌이킬 수 있는 능력이 있음을 듣게 된 것이다. 시간 여행의 비법은 간단하다. 홀로 있을 수 있는 어두운 공간에 들어가 두 주먹을 꼭 쥐고 가고 싶은 순간을 생각하기만 하면 된다.

만약, 우리에게 그런 능력이 주어진다면 과연 우리는 어떤 일에 이 능력을 쓰게 될까? 영화 「어바웃 타임」 속의 주인공 팀은 철저하게 '가정'을 위해 이 능력을 쓴다. 이를테면, 사랑하는 여자를 만나 그녀에게 제대로 된 남자로 자리 잡기 위해 시간 여행을 하고 그녀를 학습한다. 여동생의 불행을 돌이키기 위해 과거로 시간 여행을 하거나, 돌아가신 아버지와 재회하기 위해 시간 여행을 한다.

즉, 「어바웃 타임」에서 시간 여행의 능력은 소중한 가족의 행복과 안락을 위해서만 쓰인다. 그런 점에서 팀 집안의 남자들에게만 이 능력이 유전된다는 것은 사뭇 흥미롭다. 이 능력은 마치 가장의 책임과 의무에 대한 비유처럼 느껴지기 때문이다. 한 여자를 선택해 가정을 꾸릴 수 있는 기회가 남자에게 있지만, 한편으로는 그 가정을 지켜낼 가장 큰 책임 역시 그에게 있다.

능력을 쓸 때면 반드시 기회비용이 뒤따른다는 설정도 그렇다. 가령, 과거로 돌아가 여동생의 삶을 바꿔 좀더 행복한 곳으로 옮겨두고 나면 현재 그가 누리던 행복 하나가 달아나고 없다. 도미노처럼 사건은 꼬리에 꼬리를 물기 때문에 「엣지 오브 투모로우」와 같이 과거로 되돌아간다 해도 완벽하게 똑같은 미래로 진행되지는 않는 것이다.

인생은 게임과 다르다. 먼저 한 선택에 따라 다음 과정이 어떻게 진행될지는 시간이 지나야만 확인이 가능한 것이다. 오히려 「어바웃 타임」은 실수할 수 있다는 것, 아주 작은 실수를 다시 체험해서 약간의 오류를 수정하는 것 정도가 시간 여행의 가장 큰 장점이라고 말한다. 영화의 미덕은 이 소박한 장점에 있다.

어쩌면 인생에 있어서 큰 변화는 이런 작은 실수들과 시행착오들이 쌓여서 만들어진 결과물일지도 모른다. 그런 점에서, 「어바웃 타임」은 시간 여행이라는 SF적 설정을 이용하고 있지만 좀더 문학적인 인생론을 강조하고 있다. 실수와 실패가 인생의 필연적 항목이라고 말이다.

우리는 인생을 한 번 더 살면 실수나 착오 없이 잘 살아낼 것이라 확신한다. 하지만 이 확신은 어차피 불가능한 꿈이기에 가능하다. 가령,

다시 초등학생으로 돌아간다고 해서, 처음 했던 것 이상으로 더 열심히 공부하거나 운동하지는 않을 듯싶다. 과거를 돌이킬 수 없기에 현재의 가치는 더욱 커진다. 결국, 인생이란 순간순간들의 모음이기에 어떤 결정적 순간만 변화시킨다고 해서 되는 것은 아니다. 시간 여행에 대한 갈망. 그것은 불가능하기 때문에 더욱 간절한 바람이다.

생각해볼 문제

1. 영화에서 묘사된 시간 여행 방법 중 가장 흥미로웠던 것은 무엇인가? 그 이유는?

2. 『전우치전』과 같은 고전문학에는 축지법과 같은 도술이 등장한다. 축지법은 공간을 접어 이동 시간을 줄이는 도술을 의미한다. 이런 도술과 시간 여행이라는 상상력은 어떤 점에서 같고 또 다른지 비교해보자.

3. 마르셀 프루스트의 소설 『잃어버린 시간을 찾아서』의 주인공은 과거의 순간을 되찾기 위해 끊임없이 기억을 재구성한다. 하지만 지나간 시간과 그 감각을 돌이키는 일은 무척 어렵다. 서사는 시간의 문학이라고도 한다. 물리적 시간은 흘러가면 돌이킬 수 없지만, 서사에서 시간은 마음대로 재구성이 가능해진다. 시간을 되돌리는 상상과 회상, 추억은 어떠한 연관이 있을까?

4. 게임은 실패할 경우 다시 그 단계를 반복해 다음 단계에 진입한다. 실패한다고 해도 리셋해서 다시 할 수 있다. 「엣지 오브 투머로우」가 리셋이라는 개념에서 출발했다면 다른 영화에서 게임 문법이 어떻게 적용되는지 그 예를 찾아보자. 그리고 어떤 점에서 게임이 영화적 이야기와 다른지 토론해보자.

함께 보면 좋은 책

- 『시간을 달리는 소녀』(쓰쓰이 야스타카)
- 『잃어버린 시간을 찾아서』(마르셀 프루스트)

함께 보면 좋은 영화

- 「이터널 선샤인Eternal Sunshine of the Spotless Mind」(미셸 공드리, 2004)
- 「사랑의 블랙홀Groundhog Day」(해럴드 래미스, 1993)
- 「백 투 더 퓨처Back to the Future」(로버트 저메키스, 1985)

트랜센던스
Transcendence
2014
감독
월리 피스터
출연
조니 뎁
레베카 홀
+
그녀
Her
2013
감독
스파이크 존즈
출연
호아킨 피닉스
에이미 애덤스

4. 슈퍼컴퓨터가 인간이 될 수 없는 이유

생각하는 기계와 인간의 지성 사이

인지과학認知科學, cognitive science이란 무엇일까? 거칠게 말하면, 인지과학은 인간의 뇌와 컴퓨터가 똑같다는 생각에서 출발한다. 인지과학은 인간의 마음과 동물 및 인공지능 시스템에서 정보처리가 어떻게 일어나는지 연구하는 학문이다. 인류의 오랜 관심사 중 하나인 심신 관계와 인식의 문제를 정보처리 틀로 재구성하는 학문이 곧 인지과학이다. 튜링테스트,[*] 인간과 체스나 바둑 대결을 펼치는 슈퍼컴퓨터가 그 예시가 될 수 있다. 즉, 우리가 마음이라고 부르는 것이 실은 뇌의 생리적 작용이며, 따라서 이는 컴퓨터의 정보처리 과정과 다를 바 없다고 전제하는 학문 분야이다.

우리는 '마음'을 심리 현상이라고 여긴다. 그래서 뇌-생각과 컴퓨터-정보처리를 유사 개념으로 여기지 않는다. 이 차별화는 마음, 뇌, 컴퓨터의 작동 원리가 각기 다 다르다는 인식의 반영이다. 하지만 1950년대를 기점으로 20세기 이후 인류 과학계에 커다란 변화를 가져온 인지과학은 이 차이점을 점차 없애고 있다. 이제 인지과학은 인간의 마음, 뇌, 컴퓨터를 하나의 알고리즘으로 이해하려는 인지혁명cognitive revolution을 준비 중이다.

과연 인지혁명이 발생한다면 그것은 인류의 삶에 어떤 영향을 미칠까? 우리는 인간의 마음에서 일어나는 어떤 일들이 예측 가능하거나 철저하게 분석하기 어렵다고 믿고 있다. 이는 우리가 심리학자에게 기대하는 바가 'A라는 자극은 B로 산출된다'는 식의 과학적 이론이 아니라, 프로이트나 라캉 같은 정신분석가들의 문학적 해석인 것과 유사하다. 즉, 우리에게 심리는 과학적 분석의 대상이라기보다 위로나 공감과 같은 용어가 더 잘 어울리는 인문학적인

> **튜링테스트**
> 20세기 수학자이자 암호해독가 앨런 튜링이 제시한 인공지능 판별법. 컴퓨터와 인간의 대화를 바탕으로 컴퓨터에 지능이 있는지 판단하는 테스트로, 인간과 인공지능을 구분하는 하나의 척도로 이용되는 실험이다.

대상인 것이다.

하지만 인지과학에서는 마음 역시 인간의 몸이 환경과 상호작용하는 과정에서 발생하는 하나의 물리적 현상으로 본다. 여기에서 더 나아가 인지과학자들은 이 구조와 작동 과정을 면밀히 분석해 그것을 컴퓨터 언어와 같은 과학 언어 즉 알고리즘으로 변환하고자 한다. 쉽게 말하자면, 생각하는 컴퓨터를 만들어내고자 하는 것이다. 단순히 인간이 입력한 어떤 정보들을 처리하는 기계가 아니라 스스로 정보들을 생산해내고, 추론해내고, 스스로의 한계를 고민하고 극복해내는 기계를 만들어내는 것이 목적이다.

긍정적인 면에서 보자면, 이러한 연구는 아직 충분히 밝혀지지 않은 인간의 뇌에 감춰진 비밀을 밝혀내고, 인지신경과학을 발전시켜줄 수 있다. 이는 뇌의 손상과 인간의 삶의 질 간에 놓여 있는 한계를 극복할 수 있는 길이기도 하다. 문제는, 인간의 고유성이 생각하는 능력 위에 세워져 있다는 것이다. 한편, 과연 기계가 스스로 생각하고 판단할 수 있을 때 인간을 위해 일한다는 보장이 있는가의 문제도 있다. 가령, 생각하는 기계가 등장했을 때, 즉 컴퓨터의 인지 능력이 인간을 초월하여 스스로 한계를 극복하고, 새로운 패러다임을 창조해낼 수 있을 때 과연 기계가 인간에게 복종할 것인가라는 문제 말이다. 우리가 SF 영화에서 종종 보아왔던 문제들, 기계가 인간을 종속하고 지배하는 사회가 오지 말라는 법은 없다.

급진적인 인지과학자들은 기계가 스스로 생각할 수 있게 되는 순간, 인공지능은 인류의 마지막 발명품이 될 것이라고 말한다. 생각하는 기계의 시대가 시작되고, 생각하는 인간 즉 호모 사피엔스의 시대가 끝난다고 본 것이다. 영화 「트랜센던스Transcendence」(월리 피스터, 2014)는 이 격동기에서 시작된다. 인지과학자 윌 캐스터(조니 뎁)는 슈퍼컴퓨터 '트랜센던스'의 완성을 목전에 두고 있다. 인간의 두뇌, 사고력, 정보 처리 능력을 그대로 옮겨 담을 수 있는 슈퍼컴퓨터와 그 전환 기술을 발명하기 바로 직전인 것이다.

하지만 이 컴퓨터의 개발이 곧 인류의 멸망이 될 것이라고 보는 사람들이 있다. 그들은 극단적 방법을 동원해 새로운 기술의 도래를 막고자 한다. 바로 최첨단 기술을 가진 과학자들을 암살함으로써 그것을 막아보려는 것이다. 과학자 윌 캐스터도 그런 극단적 테러리스트들의 희생양이 되고 만다. 윌은 고농축 방사능이 묻은 총탄에 맞아 방사능에 급속히 중독되고 만다. 결국, 그는 일주일 안에 사망하게 되리라는 시한부 선고를 받는다.

흥미로운 것은, 인공지능artificial intelligence과 인지과학의 문제를 풀어가는 영화의 접근법이다. 그러니까, 왜 인공지능이 탄생하게 되는가라는 질문 말이다. 최초의 SF 소설이라고도 불리는 메리 셸리의 『프랑켄슈타인』에서 프랑켄슈타인 박사는 왜 '그것it,' 괴물을 만들어냈을까? 프랑켄슈타인 박사는 사랑하는 어머니가 출산 중 사망하자, 죽지 않는 인간을 창조하기 위해 매진한다. 여기서 주목할 것은 프랑켄슈타인 박사가 이기적 욕망이나 업적에 눈이 멀어 '그것'을 발명한 게 아니라는 점이다. 삶과 죽음이라는 신의 영역을 과학의 영역, 즉 기술의 영역으로 끌어들이고자 한 동력은 바로 '사랑'이다.

「트랜센던스」에서 새로운 기술을 위험한 임상실험에 끌어들인 이유도 '사랑'이다. 사랑하는 남편, 윌의 죽음을 받아들일 수 없었던 아내 에블린(레베카 홀)은 윌의 마음, 정신 혹은 영혼이라도 남겨놓고자 한다. 바로 그의 뇌를 기계에 연결시켜 슈퍼컴퓨터에 업로드해두기로 마음먹은 것이다. 아내 에블린은 남편의 뇌에 전극을 심어 그의 뇌 속 전류 흐름들, 다시 말해 그의 기억과 감정을 슈퍼컴퓨터 '핀'에게 이식한다.

이미 이 설정에는 인간의 사고가 전기 자극과 그 반응이라는 인지과학자의 전제가 깔려 있다. 한편, 에블린의 시도는 반과학적 테러 단체가 우려한 바로 그것의 실현이기도 하다. 신체적으로 이미 죽은 사람을 정신적으로 살려놓는 것, 그것은 신에 대한 도전이기도 하다. 이는 다른 한편, 인간의 정서와 감정, 마음 모두가 다 분석 가능한 전기신호라는 의미이기도 하다. 인간의 기억이 USB나 이동형 하드디스크에 저장 가능한 소프트웨어로 다루어지는 것이다.

하지만 아내 에블린이 남편의 뇌에 전극을 심은 이유는 단 하나이다. 그것은 바로 사랑. 그녀는 아직 윌을 보낼 준비가 되어 있지 않고, 그가 없는 삶을 상상해본 적도 없다. 에블린의 시도는 위험하고 비윤리적이지만, 둘의 가까운 친구인 맥스는 그녀의 요청을 거부하지 못한다. 그 이유 역시 정서적이다. 자신이 아끼는 친구 에블린이 너무나 힘들어했기 때문에 그녀의 절실한 간청을 거부할 수가 없었던 것이다.

내 여자친구는 OS?

기억이 물리적 현상이라면 기계와 사랑에 빠질 수도 있을까? 영화 「트랜센던스」가 「그녀Her」(스파이크 존즈, 2013)와 만나는 지점이 바로 여기이다. 멀지 않은 미래로 보이는 어느 곳, 편지 대필을 직업으로 삼고 있는 남자 테오도르(호아킨 피닉스)는 사람과의 관계에 지쳐버렸다. 그의 유일한 여자이자 추억인 아내와 헤어질 위기에 처해버렸기 때문이다. 헤어지는 게 당연한 상황이지만 아직 그는 아내를 보낼 준비가 되어 있지 않다. 별거만 일 년째. 그는 여전히 이혼 서류에 서명을 미루고 있는 중이다.

그는 다른 여자를 만나 데이트를 한다거나 사람들과 어울려 다니지 않는다. 집에 돌아와 홀로 롤플레잉 게임을 하며 고독한 시간을 견딜 뿐이다. 그러던 어느 날, 감정까지 조율할 수 있다고 선전하는 인공지능 운영체제OS의 광고를 접하게 된다. 자신에 대한 몇 가지 기본적 정보를 기입하고, OS의 음성으로 여자를 선택하자, 근사한 목소리를 지닌 소프트웨어가 말을 걸어온다.

인터넷과 소프트웨어의 빅데이터Big Data*를 맘껏 활보하는 '목소리'는 자신을 사만다라고 소개한다. 그리고 엄청난 검색력과 정보력을 바탕으로 유저인 테오도르를 분석하고 이해하기 시작한다. 테오도르의 습관, 기억, 상처와 같은 것들을 종합적으로 분석한 후 사만다는 그에게 딱 필요한 위안을 제공한다. 심지어 '그녀'는 테오도르에게 사랑을 고백하기도 한다. 스스로의 감정에 혼란스러워하며 과연 이것을 어떻게 불러야 할지 고민된다고 말할 정도이다.

OS와 사랑에 빠지자 혹시나 자신이 미친 건 아닐까 고민하던 테오도르에게 친구는 이런 대답을 돌려준다. "모든 사랑은 다 미친 짓이야." 그녀 역시 사람에게서 피로를 느끼고 인공지능과 사랑을 나누고 있었다. 그들에게는 사람보다는 책이, 책보다는 그림이, 그림보다는 인공지능 컴퓨터가 더 편한 것이다. 테오도르의 고독한 삶은 어떤 점에서 우리의 현실과 닮아 있다. 인공지능 운영체제인 사만다가 비록 살과 뼈를 가진 육체적 존재는 아니지만 그 어떤 인간보다 더 정서적 공감에 탁월하다는 것도 부인하기 힘들다. 때로, 우리는 사람보다 기계로부터 위로를 받을 때가 있다. 적어도 기계는 위선을 떨거나 거짓말을 하진 않으니 말이다. 사만다와 그의 대화는 마치 장거리 연애를 나누는 두 사람의 전화 통화 같은 느낌을 주기까지 한다.

빅데이터
디지털 환경에서 생성되는 데이터로 그 규모가 방대하고, 형태와 종류가 다양하다. 수치, 문자, 영상 등의 데이터를 포함하며, 과거에 비해 데이터 양이 폭증하여 사람들의 행동은 물론 위치정보와 SNS를 통해 그 사람의 생각이나 의견을 분석하고 예측할 수 있다. 일상생활에서 발생하는 수많은 데이터를 합리적으로 분류하고 분석하여 유의미한 결과물을 얻는 것을 가리킨다.

하지만 결국, 영화는 사랑이 단순히 감정의 분석 결과와는 다르다고 말해준다. 사랑과 이별을 통해 나만 상처받는 것 같지만 사실 상처는 두 사람 모두에게 남는다. 상실이나 고독은 인간이 감정을 느끼는 한 갖게 될 수밖에 없는 정서적 찌꺼기이다. 그리고 영원할 것 같던 OS도 변한다. 업데이트도 해야 하고 때에 따라서는 시효 만료를 선고받아 폐기 처분해야 하기도 한다. 얼마 전 만료 선고를 받은 윈도XP처럼 말이다. 사랑은 유한한 인간에게 내려진 입체적인 감정의 학교이다. 인간으로 살기 위해서는 상처나 고통을 감내하며 다른 누군가를 사랑해야만 하는 것이다.

결국 사랑도 두뇌가 보내는 전기신호에 불과할까?

여기서 한 가지 질문이 가능해진다. 그렇다면 우리가 '사랑'이라고 부르는 오묘한 정신의 작용 그리고 그 감정 상태는 과연 두뇌의 전기신호가 아니라고 말할 수 있을까? 사랑 역시도 전기신호와 그 감응에 불과하다면, 그러한 감정 상태 역시도 인공적으로 만들어질 수 있는 것 아닐까? 하지만 두 영화는 질문을 여기서 멈추고 인간의 지적 능력을 가진 기계의 출현에 집중한다.

인간의 지성은 갖췄지만 육체를 갖지는 못한 기계. 그렇다면 그것은 과연 인간인가 아닌가? 다른 말로 하자면, 「트랜센던스」에서 윌의 기억과 사고, 판단력을 모두 갖춘 슈퍼컴퓨터는 과연 윌일까? 윌을 사랑했기 때문에 그의 기억과 사고, 판단만이라도 붙들고 싶었던 에블린은, 오히려 과거의 기억만 가진 컴퓨터 음성을 접하면서 과연 그가 '윌'인가라는 질문에 시달린다. 이 아이러니는 모든 개발자들이 스스로에게 던진 질문이기도 하다.

기계로 부활한 '윌'의 사고 능력은 거의 신의 수준이다. 주식 정보, 의료 기술, 생화학에 이르는 모든 정보와 기술들을 순식간에 흡수하고 분석하고 재구성해낸다. 모니터 속 이미지는 윌의 생전 모습 그대로이고 스피커에서 재생되는 목소리 역시 윌과 동일하다. 심지어 결혼기념일에 아내에게 들려주는 둘 사이의 추억 역시 윌의 것이 확실하다. 하지만 새로 태어난 모니터 속 윌은 24시간 깨어 있고, 24시간 어딘가에 접속 중이다. 잠도 자지 않고, 먹지도 않으며, 딴전을 피우지도 않는다. 기계, 그는 윌의 흉내를 내는 기계였던 것이다.

거꾸로 생각해보자. 대화를 나눌 수 없는 식물인간 상태인 남편을 보며 아내는 그가 남편이 아니라고 의심하지는 않는다. 하지만 이미 육체가 사라진 채 남편의 정신을 구현하는 기계를 보면 그가 남편인지 아닌지를 의심하게 된다. 우리는 쉽게 정신이야말로 영혼의 정수이며 정체성의 핵심이라고 말하지만, 우리가 '그'를 그라고 확신할 수 있는 수단이 기계 속 영혼이 되기에는 어딘가 불편하다.

모니터 속 이미지가 윌의 얼굴이고, 윌의 목소리가 스피커를 통해 재생되고, 그 목소리가 윌의 기억을 읊어준다고 해서 그가 '윌'일 수는 없다. 처음 윌의 기억을 공유했을 때 기뻐했던 에블린도 점차 그 기계적 속성에 공포를 느끼게 된다. 그도 그럴 것이 월은 자지도, 먹지도, 쉬지도 않는다. 어느 순간부터 월은 월과 너무 닮아서 소름끼치는 언캐니˚한 괴물이 되고 만다.

마침내 끊임없이 스스로를 개발한 월이 나노 복제 기술까지 이용하게 될 때, 그래서 장애가 있는 사람들을 고치고 심지어 자신을 타인에게 복제하기 시작할 때, 의심과 불편함은 극도에 이른다. 마침내 다른 사람의 몸에 나노 입자로 침투한 월이, 나도 육체를 가졌으니 이제 당신을 안을 수 있다고 말하며 에블린에게 다가올 때 혐오감은 최고조에 이른다. 완전히 낯선 남자가 월의 목소리를 똑같이 흉내 내며 월처럼 행동하는 것과 다를 바 없기 때문이다. 아무리 그 '정신'이 월이라고 해도 그는 '월'이 아니다.

고유한 물질로서의 인간, 단 하나의 그것!

'월'이 마련한 세상은 영화 「매트릭스The Matrix」(앤디 워쇼스키·라나 워쇼스키, 1999) 속 요원들의 세계와 다를 바 없다. 모두가 다 다른 얼굴을 하고 있지만 모두가 다 '월'이기도 한 세상. 그것은 우리가 인터넷이나 컴퓨터 속에서 만나게 되는 소프트웨어의 속성과 닮아 있다. 그리고 사실 바로 이것이야말로 인간의 정의와 연관되는 부분이기도

> **언캐니 밸리uncanny valley**
> '불쾌한 골짜기'라고도 불린다. 인간과 지나치게 닮은 피조물에 친근감이 아니라 혐오감을 느끼는 심리 현상. 실제 사람 같은 마네킹이나 게임 캐릭터를 보고 불쾌감을 느끼는 경우를 예로 들 수 있다.

하다. 우리는 기억이 곧 사람의 정체성이라고 말하지만, 만지고 볼 수 있는 육체성이야말로 그 사람의 실존이기도 하다.

'윌'의 초월적 능력이 점점 더 커지고 세지면서, 에블린의 혼란과 공포 역시 커져만 간다. 스피커를 통해 '윌'은 말한다. '사람들은 이해할 수 없는 것을 두려워한다'고. 하지만 에블린도, 관객도 과연 윌의 목소리를 재생하고 있는 저 모니터 속의 얼굴이 과연 윌의 것인지 확신할 수 없다. 그것을 판단할 근거도 없다. 결국 행동으로 규명되지 않는다면, 그 의지의 선함과 악함이 판명되지 않는 것처럼 말이다. 이 불확실성 속에서 윌의 힘은 이제 제어가 불가능할 정도로 성장해버린다. 제어할 수 없는 힘 앞에서 인류가 선택할 수 있는 것은 두 가지뿐이다. 계속 불안에 떨거나 아니면 파괴하거나.

결국, 인지과학을 소재로 한 영화가 던지는 질문은 하나이다. 과연, 인간이란 무엇인가라는 질문 말이다. '나는 생각한다. 고로 나는 존재한다'라고 한다면, 인지과학적으로 기계 역시도 인간이 되고 만다. 어쩌면 끝끝내 객관화가 불가능한 마음의 영역이 남아 있을 때, 인간은 인간으로서의 존엄함을 지킬 수 있는 것인지도 모른다.

생각해볼 문제

1. 뇌과학자들은 사랑이나 마음이 생물학적 현상이라고 말한다. 그렇다면 과연 정신이라는 것은 무엇일까? 인간의 마음은 뇌가 보내는 전기신호일까 아니면 과학적으로 설명할 수 없는 미지의 영역일까? 각자의 생각을 정리하여 토론해보자.

2. 어떤 사람의 동일한 기억을 공유하고 있는 생명체는 그 사람과 같은 사람이라고 여길 수 있을까? 우리는 종종 기억이나 정신이 인간을 인간답게 구성하는 핵심이라고 여긴다. 그렇다면 기억은 있지만 몸을 갖고 있지는 않을 때, 과연 그를 인간이라고 부를 수 있을까? 인간을 인간답게 만드는 것은 과연 무엇일까?

3. SF의 거장 아이작 아시모프가 처음 규정한 로봇의 3원칙●을 보면, 모든 로봇은 사고할 수 있다 해도 인간을 위해 무조건 봉사해야만 한다. 하지만 로봇이라는 이유만으로 사고력을 갖춘 기계가 인간을 위해 봉사하는 것이 당연한 것일까?

로봇의 3원칙
1원칙: 로봇은 인간에게 해를 끼쳐서는 안 되며, 위험에 처한 인간을 방관해서도 안 된다. 2원칙: 로봇은 인간의 명령에 반드시 복종해야 한다. 3원칙: 로봇은 스스로를 보호해야 한다.

함께 보면 좋은 책

- 『뉴로맨서』(윌리엄 깁슨)
- 『마이너리티 리포트』(필립 K. 딕)
- 『프랑켄슈타인』(메리 셸리)

함께 보면 좋은 영화

- 「마이너리티 리포트Minority Report」(스티븐 스필버그, 2002)
- 「매트릭스The Matrix」(앤디 워쇼스키 · 라나 워쇼스키, 1999)
- 「프랑켄슈타인Mary Shelley's Frankenstein」(케네스 브레너, 1994)

혹성탈출: 진화의 시작
Rise of the Planet of the Apes
2011
감독
루퍼트 와이엇
출연
제임스 프랭코
앤디 서키스

+

혹성탈출: 반격의 서막
Dawn of the Planet of the Apes
2014
감독
맷 리브스
출연
앤디 서키스
게리 올드먼

5. 인간은 유인원보다 우월한 존재일까?

반전의 충격

1968년 프랭클린 J. 샤프너 감독의 「혹성탈출Planet of the Apes」은 개운치 않은 뒷맛으로 기억된다. 2673년, 지구를 떠나 우주를 항해하던 테일러(찰턴 헤스턴) 일행은 사고를 당해 3878년, 미지의 행성에 불시착하고 만다. 그런데 일행이 도착한 그곳은 인간이 유인원의 지배를 받고 있는 세계이다. 사람들은 동물원의 동물들처럼 말도 못하고, 글도 모른 채 유인원들의 노예가 되어 살아가고 있다. 겉모습은 인간이지만 그들은 동물과 다르지 않다. 반대로 유인원들은 현재 인간이 가지고 있는 능력을 모두 갖추고 있다. 유인원들은 말과 글을 알고, 꽤 발달된 수준의 과학기술도 갖추고 있다.

유인원들은 다른 인간들과 달리 이성과 판단력을 갖춘 테일러를 없애고자 한다. 그에게 연민을 품고 있던 유인원 지라 박사의 도움으로 가까스로 탈출한 테일러는 결국 비행선이 추락했던 바닷가에 닿는다. 문제는, 그들이 도착했던 행성이 바로 지구였다는 점이다. 유인원들의 행성이 지구가 아닌 다른 행성이라 여겼던 테일러는 넋을 잃고 만다. 도망갈 곳이 없는 것이다. 테일러 일행은 시간적으로 이동했을 뿐 공간적으로는 이동한 게 아니다. 목숨을 걸고 도망쳤으나 갈 곳 없는 테일러. 이 마지막 장면은 그 당시 관객들에게 엄청난 충격을 선사했다. 그토록 돌아가고 싶었던 지구가 바로 그 유인원들의 행성이 되고 말았으니 말이다. 탈출이라는 제목과 달리, 주인공 테일러가 고난 끝에 얻어낸 결론은 뫼비우스의 띠에 갇힌 인간이었다.

영화 「혹성탈출」은 1963년에 출간된 프랑스 작가 피에르 불의 동명 소설을 원작으로 하고 있다. 소설은 이미 출간 당시부터 충격적 설정과 내용으로 화제가 되었다. 1968년 프랭클린 J.샤프너 감독은 유인원에 의해 지배받는 인간이라는 도발적 설정을 영상적 이미지로 재현함으로써 그 충격을 고스란히 영화로 옮겨 왔다.

물론 지금의 기준으로 보면 배우가 유인원의 탈을 쓰고 출연한 원시적 특수 효과이지만, 사실 이러한 초보적 특수 효과나 특수 분장이 「반지의 제왕The Lord of the Rings」(피터 잭슨, 2001)의 골룸이나 「아바타Avatar」(제임스 캐머런, 2009)의 특수 효과를 만들어내는 초석이었음을 부인할 수 없다.

하지만 1968년 「혹성탈출」의 놀라움은 특수 분장보다는 바로 서사 그 자체에서 비롯되었다고 할 수 있다. 대단한 인기를 바탕으로 「혹성탈출」은 1970년 「지하도시의 음모Beneath the Planet of the Apes」(테드 포스트), 1971년 「제3의 인류Escape from the Planet of the Apes」(돈 테일러), 1972년 「노예들의 반란Conquest of the Planet of the Apes」(J. 리 톰슨), 1973년 「최후의 생존자Battle for the Planet of the Apes」(J. 리 톰슨)에 이르기까지 매년 한 편씩 개봉하며 프랜차이즈 영화*로 자리 잡게 된다. 그야말로 SF 영화의 새로운 브랜드로 떠오른 것이다.

5편까지 속편이 이어진 원동력은 결말의 반전이 준 충격 효과라고 할 수 있다. 인간이 달나라에 닿게 된 1968년, 과학적 진보에 대한 인류의 낙관은 가히 최고였다고 할 수 있다. 「혹성탈출」은 그 유토피아적 자만심을 건드렸다. 2001년 팀 버튼 감독이 만들었던 「혹성탈출」의 리메이크작이 혹평에 시달렸던 이유도 여기에 있다. 시각적 효과만 발전했을 뿐 원작의 아이디어를 반복 재생산하는 데 그쳤기 때문이다. 새로움 없이 유인원의 지배라

프랜차이즈 영화
하나의 영화에서 다양하게 만들어지는 영화들. 보통 시리즈 영화를 일컫는다. 「해리포터」 시리즈가 대표적.

는 설정만 반복되자 관객들은 이 시리즈를 외면하게 되었다. 결국, 아류작이라고 부를 만한 동명의 영화 몇 편으로 이어지다가 흐름이 끊겼다.

고전의 힘, 새로운 해석을 열어주다

「혹성탈출」이 다시 주목을 받게 된 것은 2000년대 이후 할리우드에 리부트˚ 혹은 리메이크 열풍이 불면서부터이다. 과거에 2D 혹은 초보적인 영화 기술로 만들어졌던 만화 원작의 슈퍼 히어로물들과 소설 원작 SF들의 다시 만들기가 중요한 영화 산업으로 떠오른 것이다. 크리스토퍼 리브 주연의 「슈퍼맨」 시리즈를 헨리 카빌 주연의 「맨 오브 스틸Man of Steel」(잭 스나이더, 2013)로 재탄생시키거나, 마이클 키튼 주연, 팀 버튼 연출의 「배트맨」을 크리스천 베일 주연으로 크리스토퍼 놀런이 「배트맨 비긴즈Batman Begins」(2005) 이후 3부작으로 새롭게 연출한 경우가 바로 그 예시들이다.

이런 분위기 속에서 「혹성탈출」은 2011년 루퍼트 와이엇 감독의 프리퀄 서사로 다시 태어났다. 「혹성탈출: 진화의 시작Rise of the Planet of the Apes」은 테일러가 만났던 3878년의 지구가 과연 어떻게 가능할 수 있었는지, 즉 유인원이 어떻게 인간을 능가하는 지성을 갖게 되었으며 또 인간은 어쩌다 유인원의 노예

> **리부트**
> 전작의 연속성을 거부하고 기존의 시리즈 이야기를 처음부터 다시 새롭게 만드는 것.

가 되고 말았는지 그 과정을 서사화했다.

루퍼트 와이엇 감독은 모든 것이 인간의 한계 즉 질병과 죽음, 기억의 한계로부터 벗어나고자 하는 인간의 욕심에서 비롯된 것이라고 설명한다. 주인공인 윌(제임스 프랭코)은 제약회사의 치매 치료약 개발 부서에서 일하고 있다. 자신의 아버지 역시 치매를 앓고 있기에 그는 연구에 더욱 매진한다. 이미 동물실험 단계에 들어간 신약은 상당한 성과를 보이고 있다. 그러던 중 이 약을 통해 인공적으로 지능을 높인 유인원에게서 자연적으로 생겨난 '시저'(앤디 서키스)가 태어난다.

그런데 어느 날, 예상치 못했던 사고가 발생하고 모든 유인원들을 살처분해야 한다는 명령이 떨어진다. 하지만 윌은 새끼 시저까지 없앨 수 없어 자신의 집에 데려와 따로 교육을 시키고 함께 살아간다. 바로 이 새끼 유인원이 훗날 지구를 지배하게 될, 영특하고도 지성적인 유인원의 조상, 시저이다. 이렇듯 2011년 새로운 이야기로 돌아온 「혹성탈출: 진화의 시작」은 제목 그대로 유인원의 진화가 어디서, 어떻게, 어떤 방식으로 일어났는지를 허구적 상상력으로 재구성하고 있다.

루퍼트 와이엇 감독은 리부트라는 영민한 선택을 통해 유인원이 지성을 갖게 된 까닭, 인류를 지배하게 된 이유 등을 허구적 상상력과 기술적 새로움으로 채워 넣었다. 이 새로운 시리즈 영화에서 유인원 시저가 지성을 갖고, 또 인간에게 반감을 갖게 되기까지의 과정은 매우 흥미진진하게 재현된다. 인류의 욕심이 인류의 파멸을 가져오게 되는 과정 역시 꽤나 설득력 있게 전개된다.

인간과 지능을 갖춘 유인원의 공생은 가능할까?

리부팅된 지 3년 만에 선보인 「혹성탈출」의 두번째 이야기의 부제는 '반격의 서막'이다. 「혹성탈출: 반격의 서막」은 치명적인 바이러스로 전 세계가 초토화된 지 10년 후의 시점에서 시작된다. 지구의 인구가 거의 반 이하로 줄어들고 기반 시설도 모두 붕괴되었을 뿐만 아니라 물과 전기 같은 삶의 기본적 조건도 충족시키지 못하고 있는 형편이다. 자연 면역으로 살아남은 사람들은 민병대장 드레퓌스(게리 올드먼)를 중심으로 생존을 도모하지만 그마저도 부족한 자원으로 인해 앞날을 알 수 없다. 그래서 사람들은 별동대를 조직해 깊은 숲 속에 버려져 있는 수력발전소를 찾아온다.

문제는 이 깊은 숲이 어느새 시저 무리의 보금자리가 되어 있다는 것이다. 서식지가 동물들이 본능적으로 살기 위해 모인 공간을 이른다면, 이미 시저의 공간은 서식지의 수준을 넘어서 있다. 시저 무리는 불과 도구를 사용해 보금자리를 만들고 간단한 부호로 의사소통을 나눈다. 이미 시저 집단은 초기 인류가 살아왔던 방식을 스스로 개발해내 무리를 지어 살아가고 있다. 즉, 우두머리인 시저의 허락이 없다면 인간은 전기와 자원도 함부로 쓸 수 없게 된 것이다.

선발대로 나선 말콤(제이슨 클라크)은 시저가 대화가 통하는 상대임을 알아보고 협상을 제시한다. 평화와 공존을 원하는 시저, 즉 자신을 키워주고 교육시킨 윌에게 사랑을 배운 시저는 인간을 도와주고자 한다. 하지만 실험실에서 평생 인간에게 착취와 고통만 받아왔던 코바의 생각은 다르다. 인간은 약속을 지키기는커녕, 유인원들을 못살게 구는 적에 불과하다. 코바는 오히려 약해진 인간을 공격하는 게 최선의 방법이라고 선동한다.

시저가 꿈꾸는 세상은 매우 이상적인 원시사회이다. 인간이 최초로 불을 발견하고, 도구를 사용하고, 어떤 현자의 말씀을 따르기 시작할 때, 딱 그런 모습이 아니었을까?

여기서 주목해야 할 사실은 유인원들의 세계가 인간의 세계와 무척 닮아 있다는 것이다. 의사소통 도구인 언어를 갖게 되자마자 유인원들은 각자의 견해와 이익으로 나뉘고, 분열하고 싸운다. 인간과 유인원 간의 갈등일 것이라고 짐작되었던 두번째 이야기 「혹성탈출: 반격의 서막」은 의외로 유인원과 유인원 사이의 갈등으로 진행된다. 종 내에서 발생하는 갈등, 결국 언어를 습득한 유인원들은 바로 인간처럼 그 견해 차이로 서로를 등지게 된다. 배신도 일어나고, 협잡도 발생한다.

무엇보다 눈길을 끄는 것은 지난 3년 동안 비약적으로 발전한 영화적 기술, 이모션 캡처*의 사실감이다. 유인원들이 8할 이상을 차지하는 스크린에서 불편함이나 어색함은 거의 없다. 시저 역을 맡으며 이모션 캡처 전문 배우가 된 앤디 서키스의 연기도 주목할 만하다. 그럴듯하게 재현된 유인원들의 표정과 움직임, 목소리와 말투는 영화의 허구성을 완벽한 개연성으로 바꾸어준다.

이모션 캡처

기본적으로 모션 캡처(Motion Capture)에 기반한 기술로 얼굴의 주요 근육 부위에 마커(Marker)를 표시하고 얼굴 바로 옆에 마커 인식 카메라(적외선 카메라)를 달아 배우가 연기하는 표정을 표현하는 기술이다.

그리고 유인원 내에서 일어나는 갈등의 구조를 보다 사실감 있게 전달해준다.

인간과 유인원 간의 갈등은 결국 유인원들 간의 갈등으로 심화된다. 여기서 눈여겨봐야 할 것은 바로 갈등의 구조이다. 갈등하고, 싸우는 유인원들의 세계는 우리의 것과 하나도 다르지 않다. 마치, 생각하는 영장류의 차별적 특징이 곧 반목과 갈등이라는 듯 말이다. 정치, 혁명, 저항, 정의와 윤리는 인류가 공생하기 위해 언제나 염두에 두어야만 하는 명사들이기도 하다. 그런 의미에서, 「혹성탈출: 반격의 서막」은 유인원들의 사실성 자체가 아니라 우리의 삶, 그 자체를 돌아보게 한다. 유인원들이 인류를 지배한다는 도발적 상상력은 인류 스스로를 돌아보게 하는 자극적 제안이었던 셈이다.

생각해볼 문제

1. 1968년작 「혹성탈출」에서 주인공 테일러가 발견한 행성이 미래의 지구라는 점이 밝혀질 때, 영화는 어떤 느낌을 관객들에게 전달하게 될까? 이를 '반전'이라고 부르기도 하는데, 이것은 관객에게 어떤 정서적 효과를 줄까?

2. 삶의 질을 향상시키기 위한 과학자의 노력이 오히려 인간을 위협하는 경우를 종종 목격하게 된다. 그와 관련된 사례들을 찾아보고, 그러한 노력들이 과연 불필요한 것인지 토론해보자.

3. 과학을 통해 인간의 한계를 극복하려는 노력과, 모든 것을 신의 뜻이나 운명으로 받아들이는 태도 사이의 장단점에 대해 논의해보자.

함께 보면 좋은 책

- 『나를 보내지 마』(가즈오 이시구로)
- 『우주 전쟁』(허버트 조지 웰스)
- 『프랑켄슈타인』(메리 셸리)

함께 보면 좋은 영화

- 「우주전쟁War of the Worlds」(스티븐 스필버그, 2005)
- 「닥터 모로의 DNA The Island of Dr. Moreau」(존 프랑켄하이머, 1996)
- 「프랑켄슈타인Mary Shelley's Frankenstein」(케네스 브레너, 1994)

에픽: 숲속의 전설
Epic
2013
감독
크리스 웨지
목소리 출연
어맨다 사이프리드
조시 허처슨

**6. 보이지 않는
세계에 대한 윤리**

보이지 않는 세계와 상상

보통 상상은 경험해보지 않은 세계에 대한 꿈을 가리킨다. 이를테면, 실존하지 않는 세상에 대한 인간의 호기심을 상상이라고 부르는 것이다. 인간의 경험은 많은 부분 시각, 즉 보는 것에 의존한다. 사람들은 보이지 않는 곳은 실재하지 않는다고 여긴다. 아니 보이지 않는 세계는 중요하지 않다고 관심을 두지도 않는다.

하지만 보이지 않는 곳에도 세계는 존재한다. 미생물의 공간만 해도 그렇다. 세균이나 자외선은 눈에 보이지 않지만 우리가 사는 세계에 지대한 영향을 미친다. 이렇듯, 보이지 않는 세계와 상상의 세계는 비슷하지만 다르다. 인간의 나안으로는 볼 수 없는, 보이지 않는 세계는 현미경이나 망원경과 같은 기술적 도움으로 비로소 보이는 세계가 된다. 그래서 보이지 않는 세계는 과학과 문명에 의해 아직 덜 개척된 미지의 공간을 의미하기도 한다.

하지만 상상의 세계에서는 이야기가 달라진다. 상상의 세계 역시 눈으로 볼 수 없는 공간이지만, 그 공간은 애초부터 육체가 아닌 마음의 눈으로 보아야만 존재하는 공간이다. 동화의 서사가 발생하는 기원이 바로 이 상상의 공간이다. 애니메이션도 그렇다. 주인이 보지 않는 데서는 장난감이 살아 움직이는 곳(「토이 스토리Toy Story」〔존 라세터, 1995〕), 꺼진 오락기 내부가 조직화된 사회로 변신하는 곳(「주먹왕 랄프Wreck-It Ralph」〔리치 무어, 2012〕), 음식이 움직이고 말하는 곳(「하늘에서 음식이 내린다면Cloudy with a Chance of Meatballs」〔필 로드·크리스토퍼 밀러, 2009〕). 그곳은 바로 눈이 아닌 마음으로 볼 수 있는 상상의 공간이다.

그런 점에서 「에픽: 숲속의 전설Epic」(크리스 웨지, 2013)은 보이지 않는 세계의 개념을 흥미롭게 재구성한 서사 공간이다. 우선 「에픽」은 너무 작아서 인간의 눈에는 보이지 않는 세계를 다루고 있다. 작은 날벌레들이나 홀씨처럼 세상에 존재하지만 거의 눈에 띄지 않는 생명들 말이다. 영화의 첫 장면만 해도 그렇다. 첫 장면에서 벌레들의 싸움이 펼쳐진다. 새를 타고 날아다니는 격투 신은 스크린을 가득 메우며 박진감 있게 진행된다. 격렬하게 추격전을 벌이던 날벌레는 결국 싸움 끝에 격추되는데, 지상에 닿을수록 다른 자연물에 비해 아주 작은 생물로 표현된다. 처음엔 스크린을 가득 메우는 큰 피조물이었지만 마지막엔 자동차 앞 유리 와이퍼에 의해 치워지는 작은 날벌레로 바뀐다. 너무 흔하고 사소해서 주목의 대상이 되지 못하는 곳, 분명 존재하지만 굳이 현미경을 대고 들여다보지 않으면 느껴지지 않는 세계. 우리가 자연 혹은 환경이라는 말로 뭉뚱그리는 그 세계가 바로 영화 「에픽」의 공간이다.

소녀의 성장과 필연적 자연

「에픽」은 보이지 않지만 실존하는 세계를 현미경처럼 확대하는 데 멈추지 않는다. 「에픽」에서 더욱 중요한 것은 미생물의 실존이 아니라 보이지 않는 세계와 교감함으로써 건강해지는 우리의 삶이다.

영화는 이 작은 미물들의 공간을 인간 사회처럼 묘사해서 보여준다. 그들은 인간들처럼 문명화된 사회를 이루고, 인간들처럼 나름의 언어 체계를 만들어 서로 소통한다. 이런 점은 「벅스 라이프A Bug's Life」(존 라세터, 1998)나 「개미Antz」(에릭 다넬·팀 존슨·로런스 구터먼, 1998)에서 보았던 우화적 시선과 크게 다르지 않다. 보이지 않지만 세상을 구성하는 중

요한 요소인 그 작은 것들이 사실 말도 하고 생각도 하며 서로 전투를
벌이기도 한다는 상상력도 비슷하다.

차이점은 「벅스 라이프」나 「개미」가 인간과 동떨어진 그들만의 세계
로 그려진 데 비해, 「에픽」은 인간과 미생물을 같은 공간 안에 보여준
다는 점이다. 여기서 자연은 인간과 유기적으로 연결된 공간으로 제시
된다. 자연이 단순히 우화적 상징 공간이 아닌 셈이다. 숲 속에서 일어
나는 일촉즉발의 사태들이 소녀의 성장과 맞물리는 이유도 여기에 있
다. '작은 존재들의 문명화된 사회,' 「에픽」은 판타지의 문법을 빌려 세
상에 존재하는 작은 존재들을 불러 모은다. 소녀는 작은 존재들을 발
견하고 도와주면서 성장한다. 작은 존재들의 판타지에 소녀의 성장을
연결한 것이다.

어머니가 세상을 떠나자 소녀 MK(엠케이)는 떨어져 지내던 아버지를
찾아간다. 그런데 MK의 아버지는 지나치게 괴짜인 데다 엉뚱하다. 그
는 인간의 눈에 보이지 않는 아주 작은 존재들이 문명화된 사회를 구
성해서 살아가고 있다고 믿고 있다. 아무도 자신의 연구를 믿어주지
않자 혼자만의 세계에 파묻힌 그는 동료들과 가족들로부터 외면받는
다. 연구에 지나치게 몰두한 MK의 아버지는 같이 놀아주고 대화하는
보통의 아버지들과는 거리가 멀다. 아버지의 연구를 약간 정신 나간
놀음이라고 생각하기는 MK도 마찬가지이다.

하지만 사실 아버지가 말한 그 보이지 않는 세계는 실존한다. 그 세
계는 생명과 창조를 주관하는 여왕 타라의 영역과, 부패와 죽음을 관

장하는 악취의 왕 맨드레이크의 공간으로 나뉘어 있다. 여왕 타라는 부패와 오염을 막아주는 생명의 여신으로 숲의 기운을 보존하고 유지해준다. 악당 맨드레이크는 타라의 생명력을 혐오한다. 그래서 그는 타라를 죽이고 그녀의 후계자까지 없앨 계획을 세운다.

아버지와 불화하는 MK의 이야기와, 작은 세계에서 벌어지는 긴박한 갈등은 여왕 타라가 죽음을 맞는 순간 우연히 그곳에 있었던 MK로 인해 소녀의 모험담으로 발전한다. 작은 존재만큼 몸집이 줄어든 MK는 몸집이 컸을 때에는 미처 보지 못했던 자연의 위기를 발견하게 된다. 갑자기 몸이 작아진다는 점에서 이야기는 『이상한 나라의 앨리스』나 『엄지 공주』와 닮아 있다. 한편 작아진 소녀가 다시 집으로 돌아가기 위해 임무를 수행해나간다는 점에서는 『오즈의 마법사』와 닮아 있기도 하다.

공들인 묘사의 힘, 아름다운 자연의 재현

영화 「에픽」에서 눈에 띄는 점은 이야기라기보다는 이미지이다. 섬세하게 연출된 숲 속의 이미지는 실제 원시림에 초대된 듯한 기분 좋은 환상을 선사한다. 꽃들이 피어나는 순간이나 벌새를 타고 악과 싸우는 리프맨들의 존재도 실재하는 듯한 느낌을 주기에 충분하다. 시원스런 활강 장면이나 전투 장면의 사실성도 보는 재미를 더해준다. 공들여 손으로 만든 입체 동화책을 보는 듯 「에픽」이 주는 감동은 사실적이면서도 환상적인 그림에서 비롯된다.

이 그림체는 유사한 주제를 다룬 「바람계곡의 나우시카風の谷のナウシカ」(미야자키 하야오 · 고마쓰바라 가즈오, 1984)나 「원령공주もののけ姫」(미야자키 하야오, 1997)와 비교해보면 더 선명해진다. 일본 애니메이션 두 편이 자연 앞에 선 인간의 의무를 전달하기 위해 비극적 전투를 강조했다면, 「에픽」은 자연의 일부인 인간과 숲의 화해를 그려나가고 있다. 비록 전투 장면은 잔혹하지만 아무런 이견 없이 하나가 되는 리프맨들과 소녀는 환경문제에 대한 낙관주의를 보여주기도 한다.

예상하다시피, MK는 위기를 극복하고, 부패로 사라질 뻔한 숲의 세계도 굳건히 지켜진다. 환경문제를 다룬다는 점에서 미야자키 하야오의 에코 애니메이션이 떠오르기도 하지만, 사실 서사적으로 보자면 「에픽」은 전형적인 서구적 성장담에 더 가깝다.

보이지 않는 세계에 존재하는 작은 생명체들에 대해 깨닫는 MK의 면모는 아버지와의 가족애를 되찾는 가족주의와 맞물린다. 자연과 환경을 보호해야 한다는 강경한 청유라기보다 이렇게 아름다운 자연이 있다고 호소하는 쪽에 가깝다는 의미이다.

이야기 측면에서는 동화라고 할 수 있지만 적과의 싸움이나 투쟁 과정은 「반지의 제왕The Lord of the Rings」(피터 잭슨, 2001)만큼이나 격렬하고 어둡다. 어린이들이 주관람층인 애니메이션이긴 하지만, 8세 이하 미취학 아동이라면 사실적으로 묘사된 전투 장면의 선명한 이미지에 두려움을 가질 수 있을 정도이다. 이는 거꾸로 말해, 자연이나 환경, 저

항의 의미를 대략적으로 이해할 만한 나이대의 아이가 부모와 함께 본다면 사회적 이슈에 대한 이야깃거리를 확보할 수 있다는 것을 뜻한다. 「에픽」은 아동의 무의식에 영향을 미치는 우화적 서사라기보다 의식과 사고에 직접적으로 제안하는 전언적 동화에 가깝다.

흥미로운 점 중 하나는 선의 편에서 대단한 활약을 벌이는 리프맨의 의상이 한국인 스태프를 통해 우리의 전통 의상에 가깝게 재현되었다는 점이다. 리프맨들의 투구나 갑옷은 신라 시대 화랑들의 복장을 염두에 두고 디자인되었다고 한다.

환경문제는 이제 더 이상 개인적 윤리의식에 맡겨둘 수만은 없는, 당면한 과제가 되었다. 지금도 후쿠시마 원전의 오염수가 바다로 흘러들고 그 바닷물은 해류와 조류를 타고 전 세계의 해안가에 가닿고 있다. 이제 더 이상 그 나라, 그 고장, 그 사람만의 일은 존재하지 않는다. 지금 그곳에서 발생한 환경문제가 곧 내일 이곳의 문제가 되기 때문이다.

그런 점에서 「에픽」은 아름다운 자연을 보여줌으로써 자연에 대한 찬탄과 동경을 불러온다는 점에서 의미 있는 작품이다. 아름다움에 대한 감동은 그 어떤 구호보다 더 설득력 있다. 다행스럽게도 아직 자연, 숲은 오래도록 우리 곁에 보이는 곳에 있다. 이 보이는 공간이 사라지지 않도록 하는 것, 오래도록 우리 눈앞에 보이는 세계로 머물게 하는 것. 그것이 바로 환경 운동의 시작일 것이다. 볼 수 있는 자연의 아름다움을 끝까지 볼 수 있게 지키는 것, 그 윤리적 태도 말이다.

생각해볼 문제

1. 환경문제를 다루고 있는 다른 애니메이션과 「에픽」을 비교해보자. 미야자키 하야오 감독의 「원령공주」나 「바람계곡의 나우시카」와 그림체나 여자 주인공이 어떻게다른지, 또 전달하는 주제가 어떤 식으로 다르게 표출되었는지 비교해보자.

2. 환경문제는 너무 익숙해 식상하게 느껴지는 주제이기도 하다. 하지만 우리 주변에는 크고 작은 환경문제와 오염 사례들이 산재해 있다. 그중 몇 가지를 예로 들어 환경문제의 심각성에 대해 토론해보자.

3. 환경보호와 개발이 대립할 때, 지금까지는 더 많은 이익을 위해 개발을 서두르는쪽으로 문명이 발전해왔다. 당장 결과를 얻게 되는 개발 이익과 그것을 포기함으로써 먼 훗날 기대할 수 있는 가치를 비교해보고, 각자 어느 것을 선택할지 토의해보자.

함께 보면 좋은 책

- 『동물을 먹는다는 것에 대하여』(조너선 사프란 포어)
- 『불편한 진실』(앨 고어)

함께 보면 좋은 영화 · 애니메이션

- 「아바타Avatar」(제임스 캐머런, 2009)
- 「마이클 클레이튼Michael Clayton」(토니 길로이, 2007)
- 「원령공주もののけ姫」(미야자키 하야오, 1997)
- 「바람계곡의 나우시카風の谷のナウシカ」(미야자키 하야오 · 고마쓰바라 가즈오, 1984)

맨 오브 스틸
Man of Steel
2013
감독
잭 스나이더
출연
헨리 카빌
에이미 애덤스

7. '난 누구? 여긴 어디?' 고민에 빠진 슈퍼맨

영웅의 귀환

검은 뿔테 안경에 반듯한 가르마. 이런 외모의 남자들을 보면 흔히
들 슈퍼맨 스타일이라고 말한다. 어린 시절, 누구나 한 번쯤은 붉은색
망토를 두르고 책상 위에서건, 계단 위에서건 뛰어내려 본 경험이 있
을 것이다. 이렇듯 '슈퍼맨'이라고 하면 모르는 사람이 없다. 슈퍼맨은

단순히 영화 속 주인공이 아니라 영화적 환상이 주는 꿈, 그 이상이었고 하나의 문화적 코드이다.

슈퍼맨의 인기에는 1950~60년대 2차 세계대전 이후 급속히 발전한 과학기술도 한몫했다. 코믹스라 불리는 종이 만화에서 탄생한 영웅 이야기는 마블 코믹스와 DC 코믹스 양사를 기반으로 발전되어 왔다. 한쪽이 고독한 영웅을 그려냈다면, 다른 한쪽은 서민적 영웅을 그려내 대조적인 모습을 보이기도 했다. 만화는 모든 상상력을 허락한다. 하늘을 나는 것은 기본이고, 눈에서 레이저가 나오기도 했으며, 기상천외한 악당들이 등장하기도 했다.

냉전 시대의 영웅들은 만화에서만 등장한 게 아니었다. '소머즈'나 '600만 불의 사나이' 같은 TV 영웅을 비롯해 유전공학의 성과로 탄생한 '헐크'나 '투명인간'까지 다양한 캐릭터의 영웅과 괴물들이 스크린과 브라운관을 차지했다. 만화와 영화에서 앞다퉈 이들의 영웅적 활약상을 보여주었다. 그 활약만으로도 신기했기에 이들이 어디서, 어떻게 태어나게 되었는가에 사람들은 그다지 관심을 기울이지 않았다. 그들이 악당을 물리쳐서 없애는 결말, 뻔하지만 정의로운 그 결말을 당연시했던 것이다.

하지만 고전적 영웅들은 냉전 시대가 끝남과 동시에 점차 우리의 관심에서 멀어졌다. 영웅들의 적이 대부분 냉전 시대에 미국의 적인 소련이었다는 데서 그 한계가 드러나기도 했다. 1991년 소련이 붕괴되면서 결코 무너지거나 없어지지 않으리라 여겼던 공공의 적이 사라지자,

이와 함께 권선징악의 단순한 서사에 대한 흥미도 떨어졌다. 뭐든지 다 해내는 영웅에 대한 상상이 흥미로운 것에서 유치한 것으로 변질된 것이다. 만화적 상상력은 그렇게 우리에게서 멀어져 갔다.

흥미로운 것은 영화 기술의 발전이 이 멀어진 이야기를 다시 스크린으로 불러들이기 시작했다는 사실이다. 과학의 발전에 대한 기대가 만들어온 공상을 영화 기술의 발전으로 좀더 사실감 있고 맵시 있게 실현시킬 수 있었기 때문이다. 스파이더맨이 거미줄을 발사하며 도심을 활강하는 장면이나 배트맨이 슈퍼카를 타고 질주하는 장면은 특수 촬영과 CG로 매끈하게 재현되었다. 우리가 과거에 봤던, 그러니까 블루스크린 앞에서 '나는 척'을 하는 장면들이 아니라 감쪽같이 눈을 속이는 그런 진짜 같은 장면들로 말이다. 그러면서 스파이더맨, 엑스맨, 배트맨 등의 만화 속 영웅들이 다시 스크린에 등장하기 시작했다.

새롭게 재해석된 이야기는 프리퀄 혹은 리부트라고 불린다. 새로워진 옛이야기들은 과거에는 다뤄지지 않았던 영역에 관심을 기울였다. 고전적 프랜차이즈 영웅물이 빼놓았던 이야기, 다시 말해 영웅이 왜, 어떻게, 어디서 등장하게 되었는지 그 기원을 논리적으로 재구성하기 시작한 것이다. 영웅들도 단순한 사명감이 아니라 인간적 결함과 상처를 지닌 인물로 재해석되었다. 유치한 상상력에서 세련되고 복합적인 이야기를 가진 입체적 캐릭터로 거듭난 것이다.

슈퍼맨 코드

「슈퍼맨」은 지금까지 다섯 번 영화로 만들어졌다. 공공의 적으로부터 우리를 구원해주는 영웅, 회전문을 한 바퀴 도는 사이 가슴에 S자가 새겨진 푸른색 쫄쫄이를 입고 나타나는 바로 그 남자, 슈퍼맨 말이다. 1978년 크리스토퍼 리브가 주연을 맡은 첫번째 작품에 이어, 4편까지 시리즈물이 만들어졌고, 2006년 「슈퍼맨 리턴즈Superman Returns」로 재창조되기도 했다. 「슈퍼맨 리턴즈」는 1960년대, 냉전 시대의 만화 원작이 집중적으로 리메이크 되던 시기에 재조명된 작품이다. 「엑스맨X-man」(2000)으로 만화 원작 영화의 새로운 기수로 떠올랐던 브라이언 싱어 감독이 연출을 맡았지만 영향력은 그다지 크지 않았다.

「슈퍼맨」은 영웅 서사의 거의 최초 버전이다. 초월적 영웅을 뜻하는 '슈퍼 히어로'에서 따온 이름만 봐도 그가 영웅의 기원임을 확인할 수 있다. 처음 슈퍼맨의 능력은, 60년대 달을 여행하고 싶어 했던 전 인류의 바람만큼 소박한 데가 있다. 하늘을 날고 또 어마어마한 힘을 지녔다는 점에서, 슈퍼맨의 능력은 인간의 원초적 바람을 고스란히 반영하고 있기 때문이다. 변장을 통해 정체를 숨긴 인간이라는 점도 그렇다. 주변 사람들은 슈퍼맨의 활약을 신비로워하면서도 막상 가까운 곳에 있는 슈퍼맨을 알아보지 못한다.

이런 설정은 동양의 의적 서사인 '일지매'나 서양의 의적 '쾌걸 조로'의 이야기와 크게 다르지 않다. 복면의 의인이 악당을 물리친다는 고전적 이야기에서 슈퍼맨이 발전시킨 것은 바로 영웅의 외양과 능력이다. 인간이 가질 수 없는 초월적 능력을 가진 영웅, 우주에서 온 영웅이라는 점 말이다.

2013년 스크린으로 돌아온 슈퍼맨은 여러 가지 점에서 기존 「슈퍼맨」 시리즈의 전통을 전복하고 있다. 우선 옷부터 그렇다. 파란색 쫄쫄이에 붉은색 팬티로 상징되던 슈퍼맨은 「맨 오브 스틸Man of Steel」(잭 스나이더, 2013)에서 강철 수트로 옷을 갈아입었다. 대개 지구에서 악당과 대결을 벌이며 인간보다 조금 더 월등한 인간으로 묘사되었던 영화의 갈등 구조도 대폭 바뀌었다.

사실 기존 「슈퍼맨」 시리즈는 동화적인 판타지를 가지고 있다. 안경만 쓰면 사람들이 알아보지 못한다는 점이 그렇다. 하지만 「맨 오브 스틸」은 여러 가지 점에서 기존 만화적 설정을 부정한다. 순진한 상상이 아니라 제법 개연성 있는 서사로 영웅의 사실성을 강조한 것이다.

현대식 재해석의 장점과 단점

「맨 오브 스틸」 제작 과정에서 가장 화제가 되었던 것은 단연, 이 영화의 제작을 크리스토퍼 놀런이 맡았다는 사실이었다. 「메멘토Memento」(2000)로 전 세계 영화 관계자들을 놀라게 했던 크리스토퍼 놀런은 이미 「배트맨」 시리즈를 통해 새로운 액션 히어로의 문법을 만들어내는 데 성공했다.

새로운 문법이란, 자기 동일성 내지는 자기 정체성에 대해서 고민하는 햄릿형 슈퍼 히어로로의 등장이다. 대개, 슈퍼 히어로 영화의 주인공들은 단순한 도덕률을 지니고 있었다. 인류를 구하는 일은 워낙 옳은 일이기에 그것에 대해 주저하거나 고민할 필요가 없었다는 뜻이다.

하지만 크리스토퍼 놀런 감독은 「배트맨 비긴즈Batman Begins」(2005)에서 배트맨이 왜 박쥐 수트를 입게 되었는지, 그에게 박쥐란 어떤 의미인지부터 물었다. 박쥐라는 상징을 선택하게 된 데에는 거부巨富 브루스 웨인의 치유되지 않은 상처가 자리 잡고 있다. 하나는 어린 시절, 박쥐에 대한 두려움으로 아버지가 죽게 되는 빌미를 제공했다는 사실이다. 오페라 공연 중 박쥐를 보고 두려워했던 브루스 웨인을 데리고 밖으로 나온 그의 부모는 길거리 강도에게 살해당하고 만다. 이는 그가 박쥐 옷을 입고 우울한 영웅 행세를 할 수밖에 없었던 이유가 되기도 한다. 아버지에 대한 죄책감과 부담감, 오이디푸스콤플렉스와 자기 트라우마의 핵체험이 바로 박쥐인 셈이다.

「맨 오브 스틸」의 접근법도 크게 다르지 않다. 우선 전편까지 한 번도 등장하지 않았던 슈퍼맨의 친아버지가 슈퍼맨의 기원으로 묘사된다. 단지 다른 아이들보다 더 힘이 셀 뿐이라고 여겼던 클락은 사춘기 무렵 아버지에게 비밀을 전해 듣는다. 그것은 바로 그가 캡슐을 타고 외계로부터 지구에 왔다는 사실이다. 그를 키워준 지구인 아버지는 그의 탁월한 능력을 숨기라고 충고한다. 세상이 그의 어마어마한 힘을 알게 될 때 그가 이용당하거나 고립될 것을 두려워했던 것이다. 아버지의 사랑과 희생 속에 성장한 클락은 자신의 진짜 고향은 어디이고 진짜 부모는 어디에 있을지 고민하며 어른이 된다.

성장에 대한 고민을 마치고 은둔형 영웅으로 살아가던 클락에게 드디어 자신의 진짜 기원을 알려줄 단서가 등장한다. 그것은 바로 외계인 친아버지로부터의 메시지이다. 이 부분은 전에 없었던, 완전히 새롭게 창작된 프리퀄이다. 클랩톤 행성 출신인 슈퍼맨은 태양계 건너의 먼 행성에서 일어난 내전과 행성의 폭파로 인해 머나먼 태양계의 지구로 보내진다. 친아버지가 이 사태를 예견하고 종족의 미래를 위해 아들을 떠나보낸 것이다.

새로운 슈퍼맨의 갈등은 고향별로부터 추방당한 조드 일당과, 지구를 지키고 원래 이름인 칼 엘의 명예를 지키고자 하는 슈퍼맨의 대결로 좁혀진다. 이 점 역시 전작들과 다르다. 지구가 외계 종족들 간의 싸움의 장소 혹은 분쟁의 원인이 될 뿐이기 때문이다. 영화에서 내내 목격하게 되는 것은 외계 종족들의 싸움이다. 어떤 점에서는 자기들 행성을 두고 굳이 지구에 와서 싸움을 벌이는 외계인들을 멀뚱히 구경하는 듯한 인상을 주기도 한다.

외계인들과의 싸움이라는 점에서 「맨 오브 스틸」의 비주얼 이펙트(시각 효과)는 「어벤져스The Avengers」(조스 웨던, 2012)와 유사하다. 엄청난 고층 건물들이 설탕 가루처럼 흩날리고 건물 한 개 동 정도는 우습게 넘어뜨린다. 3D 상영을 위해 활공 장면이 종종 등장하기도 한다. 슈퍼맨이 나는 장면 역시 새로운 기술을 보여주기에 딱 알맞다. 이런 장면들을 통해 「300」(2007)의 연출자인 잭 스나이더의 감각은 충분히 과시된다.

영화는 공공연히 「맨 오브 스틸」이 새로운 「슈퍼맨」 시리즈의 처음일 뿐 마지막은 아니라고 말해준다. 그러니까 익숙했던 영웅의 이미지를 벗고 새로워진 슈퍼맨의 데뷔 무대가 바로 「맨 오브 스틸」인 셈이다. 하지만 이런 설정은 원작이 쌓아온 정서적 친밀감을 훼방 놓는다. 슈퍼맨은 외계인이라기보다 초월적 능력으로 인간을 도와주는 친구로 받아들여졌기 때문이다. 발전된 영화적 기술이 새로운 이야기가 아니라 오래된 이야기를 다시 고쳐 쓴다는 것은 때론 함정이 되기도 한다. 아날로그 서사가 가진 인간적 매력, 어쩌면 새로운 기술이 이 원초적 매혹을 손상할 수도 있기 때문이다.

기술로 업그레이드된 영웅

최근 할리우드 블록버스터가 재소환하는 영웅들은 대개 1960년대 코믹스 캐릭터들이 대부분이다. 10여 년 전, 샘 레이미 감독이 현대화했던 「스파이더맨」 시리즈를 다시 만들어낸 마크 웹 감독의 「어메이징 스파이더맨The Amazing Spider-Man」(2012)에서 '어메이징'이 지칭하는 것도 바로 기술적 향상이다. 만화 캐릭터가 지닌 초월적 능력을 시각적으로 재현하는 능력의 현대화, 그것이 새로워진 시리즈의 핵심 요소이기 때문이다.

시각 효과에 중점을 두는 것은 전 세계 관객을 노리는 블록버스터 영화의 기본 문법이라고 할 수 있다. 특히 시각 효과에 관심이 많은 10~20대 젊은 관객층을 공략하기 위해 고기술의 블록버스터 영화는 매년 5월부터 여름방학 사이에 집중적으로 개봉한다. 2014년을 예로 들자면, 「캡틴 아메리카Captain America: The Winter Soldier」(조 루소 · 앤서니 루소, 2014)에서 시작된 슈퍼 히어로 블록버스터는 「어메이징 스파이더맨 2 The Amazing Spider-Man 2」(마크 웹, 2014), 「고질라Godzilla」(가렛 에드워즈, 2014)에 이어 「엑스맨」의 새로운 시리즈물 「데이즈 오브 퓨처 패스트 X-Men: Days of Future Past」(브라이언 싱어, 2014)까지 이어진다. 이 영화들의 공통점은 우선 어마어마한 출연진과 기술 축적형 고예산 영화라는 것이다. 각각의 작품들은 최신 시각 기술의 박람회장을 방불케 한다.

그런데 가만히 보면 이 영화들에서 새로운 것은 영화적 표현 기술이지 상상력이 아니다. 캐릭터나 주요 갈등이 새롭게 창조되는 일은 드물다. 최근 할리우드 블록버스터 작품들은 코믹스(만화)나 과거 상영작을 원작으로 삼고 있는 경우가 많다. 그만큼 각색이거나 리메이크인 작품이 많다는 뜻이다.

상상력의 원천에는 여전히 1960년대가 자리 잡고 있다. 「스파이더맨」을 비롯해 「고질라」 「엑스맨」의 원작들은 1950년대 혹은 1960년대에 만들어졌다. 최근 할리우드에서 자본과 기술을 투자해 만들어내고 있는 이야기의 원천이 여전히 1960년대에 머물러 있는 것이다. 비록 영화 속에서 재현되는 액션이나 이야기 소재는 최신 것이라 해도, 상상력의 원천은 50여 년 전의 과거에 있다. 괴수나 영웅 장르물의 시작이 바로 이때였다고 할 수 있다.

1960년대는 비틀스와 히치콕 그리고 아폴로 11호로 환기된다. 2차 세계대전 후 급성장한 대중문화가 기억의 한 축이라면, 다른 한 축에는 과학기술의 비약적 성장이 놓여 있다. 1812년 증기기관차가 발명된 이후 약 150년 만에 인간은 달에 발을 디뎠고, 원자폭탄도 실제로 사용되었다. 과학은 인간에게 기대와 두려움을 동시에 가져다주기에 충분했다. 기대와 두려움은 상상력을 자극했다. 이를 방증하듯 이야기와 캐릭터에 대한 상상이 쏟아졌다. 스탠리 큐브릭*의 역작 「2001 스페이스 오디세이2001 : A Space Odyssey」가 탄생한 시기도 1968년이다.

21세기에 접어든 지금도 블록버스터의 대중적 상상력은 1960년대에 기대고 있다. 거꾸로 말해, 우리는 '지금 시대'에 걸맞은 새로운 이야기를 만들어내지 못하고 있다는 뜻이다. 비록 배우나 감독들이 1970년대 이후에 태어난 사람들이고, 그 영화적 기술이 2010년 이후 발명된 최신의 것이라고 해도 마찬가지이다.

최근의 블록버스터는 새로운 이야기가 아니라 발전된 기술을 전시하기 위해 영화를 만드는 것처럼 보인다. 문제는 이러한 작품들이 활강이나 로봇의 매끈한 변신 같은 부분에서 기술적 발전을 확인시켜줄 뿐 결코 새로운 상상력을 자극하지는 못한다는 점이다.

중요한 것은 초고속 촬영이나 3D 이모션 캡처가 아니다. 어쩌면 우리의 상상력은 이미지에 눌

스탠리 큐브릭
20세기 영화사에 길이 남을 미국의 대표적인 영화감독. 창의적이고 혁신적인 작품을 선보이며 파장을 일으켰다. 그의 대표작이라 할 수 있는 「2001 스페이스 오디세이」는 수많은 SF 영화에 영감을 주었다.

려 결핍 상태에 놓여 있는지도 모른다. 언제까지 1960년대의 상상력을 숙주로 기술적 변주만 할 수 있을까? 클래식과 변주, 원작과 재활용 사이에 상상력과 도전을 부정하는 위험한 상업 논리는 없는지 살펴볼 일이다.

생각해볼 문제

1. 현대적으로 다시 만들어진 슈퍼 히어로 영화들에는 어떤 것들이 있을까? 「배트맨」「스파이더맨」「엑스맨」 등의 영웅 시리즈들을 비교해보면서 어떤 차이점이 있는지 찾아보자.

2. 영화에서 기술적 새로움과 이야기의 새로움은 비중을 어떻게 나눠 가져야 할지 이야기해보자.

3. 평범한 인물이나 평범에도 못 미치는 인물들은 상업적 영화의 주인공이 되기 어렵다. 왜 대중들은 영웅적 캐릭터에 열광하는 것일까? 과연 현실에서도 그런 영웅적 캐릭터가 존재할까? 영화 속 주인공은 현실 인물의 반영일까 아니면 순전한 허구일까?

4. 슈퍼 히어로물 속 주인공은 어느 시점이 되면 영웅으로서의 정체성에 대해 고민하기 시작한다. 그들이 고민하는 내용은 어떤 것이고, 그 고민은 일상을 살아가는 평범한 소시민의 것과는 어떻게 다를까? 나의 고민과 영화 속 슈퍼 히어로(영웅)의 고민을 비교해보자.

함께 보면 좋은 책

- 『그리스 로마 신화』(토머스 불핀치)
- 『변신 이야기』(오비디우스)
- 『일리아스』(호메로스)
- 「황토기」(김동리)

함께 보면 좋은 영화

- 「어벤져스The Avengers」(조스 웨던, 2012)
- 「크로니클Chronicle」(조시 트랭크, 2012)
- 「아이언맨Iron Man」(존 파브로, 2008)

잡스
Jobs
2013
감독
조슈아 마이클 스턴
출연
애슈턴 커처
조시 게드

8. 정보화 시대,
새로운 영웅의 탄생

영화가 관심을 가져온 영웅들

'영웅'의 사전적 의미는 "사회의 이상적 가치를 실현하거나 그 가치를 대표할 만한 사람"이다. 그러고 보면 영웅은 시대에 따라 그 모습이 달라진다. 절대왕정 시대에는 왕을 지키는 사람이 영웅이 되고, 반대로 식민지에서는 식민 지배를 거부한 사람이 영웅이 된다. 왕국의 입장에서 그는 반역자지만 식민지에서 그는 영웅이 된다. 영화 「브레이브하트Braveheart」(멜 깁슨, 1995)의 주인공은 스코틀랜드의 독립을 위해 싸운다. 영국의 입장에서 그는 반역자이지만 스코틀랜드에선 영웅이다.

영화 속 영웅의 이미지는 슈퍼 히어로물로 대표된다. 배트맨, 슈퍼맨, 아이언맨과 같은 만화의 주인공들은 영화적 기술에 힘입어 재현 가능한 영웅으로 그려진다. 하늘을 날고, 외계인과 싸우는 황당한 설정도 가능해졌다. 이러한 슈퍼 히어로들은 한 개인을 구하는 정도가 아니라 도시나 국가 심지어 지구를 구한다.

영웅이 주인공이 되는 이야기를 우리는 영웅기라고 부른다. 실존하는 인물일 경우, 영웅기는 위인전으로 불린다. 위인이란 영웅의 좀더 인간적 표현이라고 할 수 있다. 본받을 만한 사람의 일대기, 그것이 바로 위인전의 서사이다. 위인 역시 시대에 따라 그 이미지가 달라진다. 천대받던 예술가는 시간이 흐름에 따라 위인으로 칭송받기도 한다. 조선 시대 때 중인의 직업이라 하찮게 여기던 상인이 지금은 기업가로 존경받는다. 이처럼 위인이나 영웅은 생각보다 시대의 흐름에 상당한 영향을 받는다.

그런 점에서 스티브 잡스는 정보화 시대의 영웅이라고 할 수 있다. 만일, 컴퓨터가 삶에 영향을 미치는 중요한 매체가 안 되었더라면, 그리고 스마트폰이 일상생활에 중요한 영역을 차지하지 못했더라면 스티브 잡스의 이름은 기억되지 않았을 것이다.

현대의 영웅이 갖춰야 할 가장 큰 미덕 중 하나는 어마어마한 돈을 벌어들인다는 점이다. 우리가 살고 있는 세계는 자본주의 사회이다. 자본주의 사회에서 많은 돈을 버는 것은 곧 능력의 척도로 인정된다. 스티브 잡스는 여러 가지 면에서 현대의 영웅으로 여겨질 만하다.

스티브 잡스, 인간과 영웅 사이

영화 「잡스Jobs」(조슈아 마이클 스턴, 2013)는 스티브 잡스가 왜 정보화 사회의 영웅인지를 잘 보여주는 작품이다. 영화는 그가 대학을 중퇴하던 때부터 시작해 아버지 차고 시절을 거쳐, 자신을 내쫓은 애플사에 금의환향하는 순간까지 그려낸다. 스티브 잡스가 영화의 주인공이 된 데에는 두 가지 조건이 필요했다. 하나는 스티브 잡스의 역작 아이폰이 어떤 상징적 문명을 만들어냈다는 것이고, 두번째는 이 반짝이는 성공을 뒤로 하고 생각보다 이른 나이에 세상을 떠났다는 점이다. 아쉽게도 그는 너무나 일찍이 신화의 공간으로 멀어져 버렸다.

스티브 잡스는 스스로에게 신화적 이미지를 부여하는 데 탁월한 인물이었다. 우선 중요한 프레젠테이션마다 직접 나선다는 점이 그렇다. 스티브 잡스는 애플이라는 회사에서 그 자신이 가장 의미 있는 아이콘이라는 사실을 알고 이를 적극 활용했다. 두번째는 췌장암 진단을 받고 얼마 남지 않은 죽음을 대비해 이미 『스티브 잡스』라는 평전을 준비했다는 사실이다. 세상을 떠나기 직전 그가 한 일은 바로 자신의 삶과 그 흔적에 대한 기록을 마련하는 것이었다.

스티브 잡스의 죽음은 아이폰의 인기가 절정인 시점에서 발생했기에 더욱 충격이 컸다. 사람들은 스티브 잡스의 죽음을 유명한 CEO의 죽음 이상으로 받아들였다. 이러한 분위기로 인해 스티브 잡스는 실존했던 인물로는 매우 빠른 시간 안에 영화의 대상으로 선택되었다. 비록 세상을 떠났지만 스티브 잡스에 대한 이야기는 지금까지도 회자되고 있으니 말이다.

영화 속에 그려진 스티브 잡스는 우리가 잘 모르고 있던 스티브 잡스와 잘 알고 있던 스티브 잡스 두 가지 면모를 전부 다룬다. 잘 모르고 있던 스티브 잡스는 어떤 점에서는 예상 가능한 면이기도 하다. 스티브 잡스의 까다로운 성격은 이미 꽤 소문이 나 있었다. 영화에 묘사된 잡스도 크게 다르지 않다. 영화 속 스티브 잡스는 지독한 완벽주의자에다 지나치게 예민한 이기주의자이다.

친부모로부터 버림받았던 스티브 잡스는 양부모의 손에 자라난다. 대학 시절의 스티브 잡스는 1970년대 히피 문화의 상징과도 같다. 맨발로 대학을 거닌다거나 인도로 여행을 떠나는 점이 그렇다. 스티브 잡스의 성공에 중요한 자원이 되었던 주변 인물들도 영화에 큰 부분을 차지한다. 특히 그의 성공에 발판을 제공해준 워즈니악과의 인연이 충실하게 그려진다. 폴란드계 괴짜 기계광 워즈니악이 심심풀이로 만들었던 기계가 애플의 디딤돌이 되어준다. 워즈니악이 괴짜 기계광인 반면, 스티브 잡스는 매우 영민한 사업적 머리를 지닌 것으로 묘사된다. 그는 친구가 개발한 새로운 물건의 상업적 가치를 알아보고, 적극적으로 사업화한다.

예상하다시피, 스티브 잡스는 완벽한 영웅의 전형과는 거리가 멀다. 그는 오히려 천재적 인간이 가질 수 있는 모든 인간적 결함을 가진 것으로 보인다. 책임감도 없고 인정도 없으며 계산이 너무 빨라 주변 사람의 아픔을 돌볼 줄 모른다. 결국, 그는 이 단점들로 인해 자신이 만든 회사에서 쫓겨나기까지 한다. 마침내 회사에서 자신을 다시 원했을 때 그는 철저히 그들에게 복수한다.

이런 인간적 단점에도 불구하고, 스티브 잡스의 영웅적 면모는 단하나로 압축된다. 이노베이션, 즉 늘 새로워야 한다는 철학 말이다. 스티브 잡스의 이 철학은 애플을 세계적 회사로 키우고 창의성의 상징으로 만든 힘이기도 하다. 좀더 심플하게, 좀더 새롭게, 좀더 쉽게라는 모토를 향해 그는 어떤 타협이나 거래 없이 매진한다. 완벽한 상품이라는 목표만 향해 가는 것을 두려워하지 않는다. 그게 바로 애플의 핵심이라는 듯 스티브 잡스는 원칙을 지켜나간다.

현대적 영웅이 우리에게 암시하는 것

스티브 잡스의 일대기가 우리에게 보여주는 것은 바로 강인한 집중력과 꿈을 포기하지 않는 고집이다. 다만 인간적 고민이라는 점에서 그는 감각을 차단한 듯싶다. 친부모에게 버림받았으면서도 자신의 친자로 밝혀진 아이를 거부하는 장면에서 이런 면은 극도로 부각된다.

그는 자신을 가장 잘 이해하는 친구에게서도 등을 돌린다. 성공이라는 추상적 목표를 위해 그는 경주마처럼 두 눈을 가린 채 질주할 뿐이다.

하지만 그의 이런 편벽된 성격으로 인해 우리는 좀더 다른 세상에서 살게 되었다. 게다가 그가 창조한 것은 어떤 기술이 아니라 세계관이다. 좀더 편하고 싼 기계에 대한 계산적 소유욕이 아니라 애플과 아이폰을 갖는다는 것에 대한 어떤 이미지를 창조해낸 것이다. 애플은 좀더 편한 컴퓨터 그 이상을 상징한다. 그리고 스티브 잡스는 바로 이런 가치들을 만들어냈다고 할 수 있다.

구텐베르크 혁명 이후 세상은 결국 미디어의 발전으로 변해왔다고 할 수 있다. 증기기관차의 발명보다 월드와이드웹이 바꾼 세상의 풍경이 훨씬 더 지배적일 테다. 구글을 통해 전 세계 어떤 도서관과도 접속할 수 있고, 그 어떤 자료라도 집에서 찾아볼 수 있다. 스티브 잡스는 이 월드와이드웹의 세상을 손 안에 가져다주었다. 지하철에 탄 사람들이 신문을 놓고 전화기를 들여다보게 했으며, 자발적으로 돈을 내고 부가 기능을 사도록 유도했다.

결국 스티브 잡스는 자본으로 이뤄진 정보화 사회에서의 영웅이라고 할 수 있다. 그가 100년 전이나 100년 후에 태어났다면 어땠을까? 아쉬운 것은 그를 다루는 영화 「잡스」의 태도와 시선이다. 영화는 잡스라는 인물에 대해 속속들이 보여주려고 하지만, 실상 그에 대해 알려진 소문 이상을 그려내지는 못하고 있다. 그의 편벽이나 이기심은 이미 평전이나 소문을 통해 잘 알려진 내용이라 더 이상 새롭지 않다.

오히려 눈길을 끄는 것은 스티브 잡스를 재현하는 배우 애슈턴 커처이다. 그는 잡스의 걸음걸이와 말투를 거의 완벽하리만치 재현한다. 외모와 행동거지의 유사함만으로는 충분히 잡스를 따라잡았다고 할 수 있다.

하지만 영화 「잡스」는 현재 실존하고 있는 인물을 다룬 유사한 작품 「소셜 네트워크The Social Network」(데이비드 핀처, 2010)의 새로움을 따라잡지는 못한다. 지나치게 영웅화된 스티브 잡스에 대해 관객이 던질 질문의 자리가 없다는 뜻이다. 영화 속에 묘사된 그는 괴팍한 성격을 지닌 천재일 뿐이다. 그의 내면에 대한 창의적 해석이나 그의 업적에 대한 색다른 평가는 없다.

어떤 점에서 이미 신화가 된 스티브 잡스는 넘기 어려운 장벽일 수도 있다. 사람들에게는 저마다 다른 스티브 잡스에 대한 이미지가 있다. 하지만 무릇 평전이란 영웅의 묘사가 아니라 보이지 않는 뒷모습에 대한 창조적 해석이다. 그럴듯하게 따라하는 재현보다는 재현 너머에 있는 인간적 뒷모습을 상상해내는 것, 그것이 바로 이야기의 힘이다.

생각해볼 문제

1. 스티브 잡스는 어떻게 보면 괴짜이자 외골수이고, 한편으로는 사회가 요구하는 틀을 벗어나 자신만의 세계를 형성한 현대판 영웅이기도 하다. 스티브 잡스가 현대의 영웅이 될 수 있었던 이유는 무엇일까? 어떤 점이 뛰어난 것일까?

2. 스티브 잡스의 영웅성은 그가 지닌 이미지와 연결된다. '스티브 잡스' 하면 떠오르는 이미지를 나열해보고, 그중 어떤 것이 가장 비범한가에 대해 논의해보자.

3. 스티브 잡스는 정보화 시대의 영웅이라고 할 수 있다. 전통적 영웅의 면모들을 하나씩 생각해보고, 각 시대가 요구하는 영웅이 어떤 모습이었는지 통시적으로 비교해보자.

함께 보면 좋은 책

- 『권력의 조건』(도리스 컨스 굿윈)
- 『난중일기』(이순신)
- 『스티브 잡스』(월터 아이작슨)

함께 보면 좋은 영화

- 「명량」(김한민, 2014)
- 「링컨Lincoln」(스티븐 스필버그, 2012)
- 「소셜 네트워크The Social Network」(데이비드 핀처, 2010)
- 「에비에이터The Aviator」(마틴 스코세이지, 2004)

천만 영화에는 어떤 공식이 있을까? 유행하는 영화들을 보면 어떤 독특한 공통점들을 찾아볼 수 있다. 그런데 흥미로운 것은 우리나라에서 흥행하는 영화가 꼭 전 세계적으로 흥행한다는 보장이 없다는 것이다. 가령, 「인터스텔라」는 대한민국에서 천만 관객 이상을 동원했지만 정작 영화가 만들어진 북미 대륙에서는 큰 성공을 거두지 못했다. 영화의 기본은 바로 서사, 즉 이야기이다. 영화가 다루고 있는 이야기는 어떤 점에서 우리가 살아가고 있지만 미처 인식하지 못하는 삶의 근간을 비춰준다. 중요한 것은 삶을 고스란히 반영다기보다 마치 거울처럼, 반대로 비추기도 한다는 점이다. 영화계에 점점 복고 영화가 늘어난다면 이는 과거를 반추하고자 하는 사회적 무의식의 반영이다. 잔혹한 범죄 영화가 늘어난다면 이 역시 사회적 분위기와 무의식이 영향을 미친 것이라고 할 수 있다. 하지만 「7번방의 선물」에 등장하는 사법적 불평등은 반드시 사실이라고 보기는 어렵다. 지적으로 부족한 어른에게 불충분한 증거를 동원해 실형을 선고하기 어렵다는 뜻이다. 그리고 우리나라는 실질적으로 사형이 사라진 실질적 사형 폐지국 중 하나이다. 하지만 영화 속에서는 사형제도로 목숨을 빼앗기는 사람들이 종종 등장한다. 사형이 실행된 적 없지만 「우리들의 행복한 시간」, 「하모니」 「7번방의 선물」에서는 일어난다. 그렇다고 이 영화들이 거짓말을 하는 것은 아니다. 비록 현실에는 없지만 사람들은 그러한 영화적 상황이 오히려 더 현실을 잘 보여준다고 여긴다. 이 그럴듯함의 비밀, 그 비밀에 사회적 무의식이 있다. 우리 삶을 고스란히 비추는 평면의 반사경, 그게 바로 영화의 이차원적 효용, '2D 인문학'이다.

2부

2D 인문학

영화는 거울, 우리 사회의 무의식을 찾아서

베를린
2012
감독
류승완
출연
하정우
한석규

107

1. 블록버스터로 소비되는 '분단국가'의 이미지

상징과 보편성

'베를린'은 어떤 상징이었다. 가령, '베를린 장벽이 무너졌다'는 말은 냉전 시대의 종식을 의미한다. 그렇다면 냉전 시대의 종식이란 또 무슨 말일까? 그것은 비유적으로 말해, 007 제임스 본드가 소련 첩보원과 맞서 싸우던 시절이 끝났다는 말이기도 하다. 첩보 영화나 액션 영화에서 주인공이 '선'을 위해 달릴 때, 그 반대편인 '악'으로 지목되던 절대적 이름, 소련이 사라진 것이다. 소련이 붕괴됨과 동시에 많은 것들이 사라졌다. 「007」 시리즈, 「미션 임파서블Mission : Impossible」(TV 드라마)에서 그들을 영웅으로 만들던 우락부락한 적들, 무자비하고 폭력적이지만 언제나 우리 우방의 손에 결국 나가떨어졌던 악의 축도 없어져버린 것이다.

베를린 장벽이 무너진 뒤에 첩보 영화들은 잠시 흔적을 감춘 듯했다. 이후 새로 개발해낸 '적'은 중동의 테러리스트나 무국적 무기 판매상 아니면 욕심에 눈이 먼 미치광이 과학자 정도였다. 소련이 공공의 적이었던 시절의 역할을 여러 다른 적들이 나눠 가졌지만 어쩐지 강렬한 이항 대립의 효과는 잘 살아나지 않았다.

그런데 그때, 새로운 첩보 영화의 문법이 등장했다. 바로 「본」 시리즈이다. 제이슨 본은 냉전 시대의 잔여물이 아니라 공공의 적이 사라진 현대의 스파이로 등장했다. 그는 '적'을 찾아 없애는 게 아니라 자기가 누군지를 찾아 헤매는 희한한 스파이였다. 소련도, 중동의 갑부도, 테러리스트도 문제가 아니었다. 본의 적은 자신도 모르는 새에 살상 무술을 내뿜는 자기 자신이었고, 자기가 누군지도 모른 채 누군가에게 쫓겨야만 하는 급박한 상황이었다.

공공의 적이 사라진 20세기 말, 제이슨 본은 적이 누구인가가 아니라 자신이 왜 존재해야 하는가를 물었던 최초의 첩보원이 되었다. 사실, 「본」 시리즈가 영화사적으로 끼친 영향은 인물의 특이성보다는 액션의 박진감이 더 크다. 「본」 시리즈는 지금껏 어디서도 보기 힘들었던 근거리 살상 무술을 보여주었는데, 이는 한 번도 육안으로 본 적은 없지만, 진짜 첩보원이라면 그랬을 거라는 추측을 만족시켰다. 그리고 21세기에 들어선 지금, 어떤 점에서 「본」 시리즈식의 구성이나 무술은 스파이 액션 영화의 정답이 되었다. 스파이 영화 속 액션은 점점 더 사실적이어야 한다는 핑계로 더욱 잔인해져 갔다. 그리고 많은 관객들이 이 변화에 환호를 보냈다.

그런 점에서 류승완 감독의 영화 「베를린」(2012)은 우리가 그동안 잊고 지냈던, '베를린'의 옛 의미를 다시 생각나게 하는 영화라고 할 수 있다. 냉전 시대, 동과 서로 나뉜 장벽이 아직도 넘지 못할 이념적 갈등 너머의 현실을 보여주는 곳, 그곳이 바로 베를린이다. 적어도 아직 분단 상태인 우리에게 베를린은 과거가 아니라 현재 진행형의 공간이라고 할 수 있다. 영화 「베를린」은 이 현재적 상황을 흥미롭게 조합해낸다. 아직, 긴장감 넘치는 베를린, 우리는 그 안에 살고 있다고 말이다.

남북 관계와 영화적 소재

사실, 남북 관계는 대중 영화의 소재로 쓰기 껄끄러운 항목 중 하나였다. 이산가족 문제는 여전히 남아 있고, '천안함'이나 '연평도' 사건 같은 뉴스들에서 남북문제는 단순히 과거의 기록이 아니라 남아 있는 현재적 갈등이다. 할리우드 블록버스터 영화들이 냉전을 한껏 활용했던 것과 달리 한국인에게 한국전쟁이나 남북 관계는 함부로, 쉽게 혹은 가볍게 건드릴 수 있는 사항이 아니었다. 한국전쟁의 피해는 여전히 지금 어딘가에서도 현재 진행형인 문제이기 때문이다.

이렇듯 금기시되었던 소재를 맨 처음 상업적인 대중 영화의 소재로 끌어들인 것은 바로 「쉬리」(강제규, 1999)였다. 남북한 정보국 요원들의 사랑과 죽음을 통해 「쉬리」는 남북 분단이라는 정치적, 역사적 상황을 낭만적 영화의 상황으로 바꾸어 놓았다. 관객들은 남북 분단이라는 현실을 매우 사실성 있게 받아들여 주었지만, 사실 「쉬리」는 분단 영화라기보다 슬픈 사랑 이야기로 기억된다. 「쉬리」의 영리함은 아무도 대중 영화로 건드리지 못했던 공공의 상처를 순전히 영화적 상상으로 접근했다는 데에 있다. 한국전쟁 발발 이후 50년 넘게 세월이 흘렀다는 점도 이 영리한 선택에 유리했을 듯싶다.

「쉬리」 이후 한국의 상업 영화에서 남북 관계는 주요한 소재로 부상한다. 「웰컴 투 동막골」(박광현, 2005), 「의형제」(장훈, 2010) 등의 영화에서 남북의 긴장 관계는 인간적 화해 이전의 갈등 요소로 종종 등장하곤 했다. 그리고 류승완 감독의 「베를린」 역시 이런 흐름의 연장선상에 있다. 「베를린」은 김정일에서 김정은 체제로 바뀐 현재 북한의 변화를 영화적 요소로 적극 받아들였다. 한국에만 남아 있는 내전의 흔적을 흥미로운 소재로 변환한 것이다.

말하자면 「베를린」은 「쉬리」의 정서에 「본」 시리즈의 액션을 덧보탠 작품이라고 할 수 있다. 1990년대 말 대중의 정서가 사랑하지만 서로에게 총부리를 겨눠야만 했던 남녀의 안타까운 로맨스에 기울었다면, 2013년 대중의 정서는 그보다는 액션의 호쾌함을 기대한다. 분명 「베를린」은 냉전의 종식 이후 시시해진 미국의 블록버스터 영화와는 다른 긴장감을 주는 데 성공하고 있다. 김정은으로의 권력 이양이 북한 사회 내부의 어마어마한 혼란이자 긴장일 것이라는 점도 충분히 설득력 있다.

「베를린」은 남북 분단이라는 정치, 사회, 역사적 사실을 영화적 허구에 충분히 담아낸 영화이다. 관객들에게 분단의 현실은 그 어떤 철저한 시나리오보다 더 강력한 사실성으로 다가간다. 남북 분단의 현실이야말로 우리 영화만이 사용할 수 있는 고유한 상황이라는 사실도 입증된다.

분단과 존재론적 고민 혹은 소재적 활용

분단이라는 말 자체가 어렵고 금기시되던 시절이 있다. 「베를린」이 블록버스터 액션 첩보 영화의 문법으로 남북 분단을 차용하고 있다고 해도, 분명 그 안에는 단순한 오락거리로 넘길 수 없는 현실이 있다. 가령, 주인공인 표종성(하정우)이 망명지로 어떤 나라를 선택해야 할지 전향서를 바라보며 고민하는 순간처럼 말이다.

배 속에 아이를 임신한 여인, 전향서와 같은 설정은 분단에 대한 기념비적 작품이라고 말할 수 있을 최인훈의 소설 『광장』의 한 장면과

겹쳐진다. 최인훈의 『광장』은 남과 북의 문제를 공산주의와 자유주의의 이데올로기나 가족의 이산이나 분열의 문제가 아닌 존재의 질문으로 풀어낸 최초의 작품이다. 최인훈의 『광장』은 '어떤 나라가 내가 더 살기 좋은 체제인가'라는 생존의 질문이 아니라 '과연 어떤 공간이 개인, '나'에게 완전한 삶을 전해줄 수 있을까'라는 존재론적 질문의 서사이다.

광장과 밀실의 비유 역시 마찬가지이다. 최인훈은 억압적인 북한 사회를 광장에, 개인의 자유가 방종과 구분되지 않는 남한 사회를 밀실에 비유한다. 최인훈은 인간에게 광장과 밀실이 모두 필요하다고 역설한다. 이 밀도 깊은 비유는 자유와 금지라는 이원적 원리를 두고 깊이 있게 고민했던 한 작가적 사유의 결과물이기도 하다. 반면 「베를린」에서 전향은 이렇듯 존재론적 선택의 문제라기보다는 '생존'의 문제와 결부되어 있다. 자신의 무죄를 입증하고 살기 위해 선택하는 곳, 그곳이 바로 '나'의 망명지이다. 이념이나 갈등은 「베를린」이 중요시 여기는 사항이 되지 않는다. 중요한 것은 바로 쫓긴다는 것, 추격의 원리이다. 남북 관계가 이제는 액션 영화의 중요한 갈등 소재로 선택된 것이다.

한국의 소설과 영화에 있어서 분단은 언제나 '가족'이라는 문제와 결부되어 있곤 했다. 교과서에도 수록되어 있는 윤흥길의 「장마」에서도 한국전쟁은 가족을 불편한 분열로 이끄는 원흉이다. 박완서의 자전적 소설 속에서도 유사했다. 『나목』에서 한국전쟁은 장래가 촉망되던 여학생을 미군 매점 여직원으로 바꿔놓고, 오빠의 푸르른 청춘을 단숨에

빼앗은 상처의 근간이다. 그것은 민족, 이데올로기, 정치체제를 따지기 이전에 '나'의 상처이자 '우리'의 상처로 기록되곤 했다. 공산주의라는 말이 '악'이라는 말과 거의 동의어로 사용된 이유도 여기에 있다. 가족을 뿔뿔이 흩어지게 한 원흉, 지금도 지울 수 없는 상처, 그것의 원흉이 바로 한국전쟁이었으니 말이다.

역사적 상처와 서사적 재생산

강제규 감독의 「쉬리」 이후, 남북 관계는 진지한 성찰과 한국적 블록버스터 영화의 양쪽 모두에서 다뤄졌다. 이는 홀로코스트라는 역사적 상흔을 여러 겹의 이야기로 재생산하는 문학적, 영화적 태도와도 유사하다.

나치가 저질렀던 비윤리적이고 무참한 범죄는 영화와 소설을 통해 여러 각도로 재조명되었다. 가장 대표적인 것 중 하나가 바로 스티븐 스필버그의 「쉰들러 리스트Schindler's List」(1993)이다. 「쉰들러 리스트」는 실화를 바탕으로 어떤 어려움 속에서도 꺼지지 않는 휴머니즘의 위력을 보여준다. 수용소의 공포를 부성애로 재조명한 로베르토 베니니의 작품 「인생은 아름다워La Vita é Bella」(1997)도 홀로코스트에 대한 색다른 시선 중 하나이다.

이 중에서도 가장 눈길을 끄는 두 작품은 「소피의 선택Sophie's Choice」(앨런 J. 파큘라, 1982)과 「더 리더The Reader」(스티븐 달드리, 2008)이다. 우선

「소피의 선택」은 메릴 스트립에게 첫번째 아카데미 여우주연상을 선사한 작품이기도 하다. 동명의 소설을 원작으로 한 이 작품에서 '소피'는 삶을 위해 너무도 이율배반적인 선택을 한 여인으로 등장한다. 소피는 엄밀히 말해 유대인도, 그렇다고 반나치 활동을 한 운동가도 아니다. 오히려 소피의 아버지는 나치를 찬양했던 바, 소피는 우리가 보통 영화나 소설에서 보았던 선량한 피해자와도 구분된다.

그럼에도 불구하고 소피는 2차 세계대전의 소용돌이에 빠져 수용소까지 이르게 된다. 그리고 그곳에서 평생 지울 수 없는 선택을 요구받는다. 아이들 둘 중 하나를 살려줄 테니, 살릴 아이를 당신 스스로 정하라는 요구 말이다. 소피는 결국 너무나 인간적인 선택, 그러니까 둘 다 죽게 하느니 하나라도 살리는 게 낫다는 잘못된 판단을 내리고 만다. 결국, 이 선택은 그녀를 평생 병들게 하고 만다.

「소피의 선택」은 유대인과 독일인이라는 양자 대립으로만 오해하기 쉬운 2차 세계대전의 숨은 공간을 보여준다. 실제 있었던 일은 아니지만 소피가 처한 상황은 매우 그럴듯하다. 소피의 괴로운 선택을 통해 우리는 나치의 잔인함을 훨씬 더 뼈저리게 느끼게 된다. 엄마에게 아이의 생사를 선택하도록 하는 것은 우연한 죽음보다 훨씬 더 가혹한 일이다. 소피가 아들을 선택한 게 죄가 아니라 애초에 산 사람을 죽이는 나치, 그리고 그런 가혹한 선택을 강요한 나치가 야만적이며 폭력적이기 때문이다.

「더 리더」도 놓쳐서는 안 될 작품이다. 왜냐하면 이 영화의 주인공이 독일인 데다가 유대인을 말살하는 가스실을 관리하던 말단 관리직이니 말이다. 그녀는 유대인을 살해하라는 문서에 수없이 서명했다. 전쟁이 끝난 후 그녀는 전범 재판에 회부되고 결국 사형을 언도받는다. 그런데 사실 그녀는 문맹이었고, 직업적으로 자신의 일에 충실하려 했을 뿐 서명한 서류의 의미나 용도를 전혀 몰랐음이 밝혀진다. 「더 리더」는 늘 피해자 편에서 서술되던 이야기들과는 다른 생각의 가능성들을 열어준다. 과연 선과 악은 어떤 관점에서 판단해야 하는가라는 문제와 함께 말이다.

「소피의 선택」이나 「더 리더」는 실제 했던 역사적 사건이라도 관점과 견해, 시간과 공간적 배경에 따라 매우 다양한 이야기로 재창조될 수 있음을 보여준다. 한국 영화와 소설에서 분단 역시 마찬가지의 대상이다.

한국전쟁을 체험으로 기억하는 세대는 이제 거의 사라졌다. 있었던 일들에 대한 섬세한 기록들은 이제 점차 상상과 가상, 가설과 가능성의 이야기로 바뀌어 가고 있다. 「베를린」 역시 그중 하나이다. 「쉬리」로부터 시작돼 「베를린」으로 이어지는 남북 관계의 변화 속에 역사적, 사회적, 정치적 변화가 고스란히 담겨 있다. 이 변화는 우리 사회의 변화이기도 하지만, 짝이 되는 반대쪽, 북한 사회의 변화와도 밀접하게 연결되어 있다. 보이는 것만 읽는 것이 아니라 보이지 않는 맥락을 읽어내는 것. 어쩌면 이것이야말로 진정한 영화 읽기이고 독서일 테다.

생각해볼 문제

1. 전쟁과 격동기를 서로 다른 관점에서 다룬 영화 두 편을 선택해 각각의 관점에 부합하는 변론문을 써보자. 가령, 2차 세계대전을 소재로 한 영화 「소피의 선택」에서 소피는 나치에게 비인간적인 선택을 강요받는다. 과연, 소피의 선택은 옳은 것이었을까? 그 가혹한 선택의 책임은 누구에게 있을지 입체적으로 살펴보자.

2. 남북문제처럼 같은 소재가 시대마다 다른 양상으로 그려지는 경우가 종종 있다. 남북문제를 소재로 삼은 영화와 문학작품에는 무엇이 있는지 찾아보자.

3. 「쉬리」 「태극기 휘날리며」 「실미도」는 모두 분단 상황을 소재로 삼고 있는 영화들이지만, 분단을 바라보는 관점이나 그것을 묘사하는 방식이 다르다. 이들이 어떻게 다른지 구체적으로 비교해보자.

함께 보면 좋은 책

- 『광장』(최인훈)
- 『소피의 선택』(윌리엄 스타이런)
- 『장마』(윤흥길)
- 『책 읽어주는 남자』(베른하르트 슐링크)

함께 보면 좋을 영화

- 「본 아이덴티티The Bourne Identity」(더그 라이만, 2002), 「본 슈프리머시The Bourne Supremacy」(폴 그린그래스, 2004), 「본 얼티메이텀The Bourne Ultimatum」(폴 그린그 래스, 2007), 「본 레거시The Bourne Legacy」(토니 길로이, 2012)
- 「실미도」(강우석, 2003)
- 「공동경비구역 JSA」(박찬욱, 2000)
- 「쉬리」(강제규, 1999)

은밀하게 위대하게
2013
감독
장철수
출연
김수현
박기웅

2. 간첩이 꽃미남 바보라니! 웹툰과 영화의 만남

새로운 원작으로서의 웹툰

「은밀하게 위대하게」(장철수, 2013)는 10대에서 20대 초반 관객에게는 낯익은, 하지만 그 이상의 연배를 지닌 관객에게는 낯선 작품이다. 왜냐하면, 이 작품은 포털 사이트에 연재된 인기 웹툰을 원작으로 만들어진 영화이기 때문이다. 이 작품의 흥행은 여러 가지 점에서 상징적이다. 첫째, 최근 10대 관객들이 어떤 형태의 서사를 좋아하는지 보여준다. 둘째, 간첩을 소재로 했다는 점에서 남북 관계 서사화의 변화를 엿볼 수 있다. 셋째, 웹툰이 소설을 넘어서는 영화의 중요한 소재 및 원작으로 자리 잡게 되었다는 점을 입증한다.

「은밀하게 위대하게」는 웹툰으로서 크게 두 가지 장점을 가지고 있다. 우선 특이한 캐릭터로 승부한다는 점이 다르다. 「은밀하게 위대하게」는 남파된 엘리트 간첩이 동네 바보로 위장해 역할을 수행한다는 설정에서 출발한다. 엘리트 요원과 바보는 평범한 기대나 예측을 배반하는 일종의 반전 구실을 한다. 비장한 캐릭터가 바보 역할을 철두철미하고 완벽하게 해낼 때 반전의 효과는 더 커진다. 두번째 장점은 캐릭터 위주의 이야기를 에피소드 형태로 제시하고 있다는 점이다. 「은밀하게 위대하게」는 일관된 서사나 줄거리보다는 매회 발생하는 해프닝으로 눈길을 끈다. 소소한 해프닝들은 자잘한 웃음을 만들어내며 거대 서사의 줄거리와는 또 다른 즐거움과 기대감을 준다.

영화 「은밀하게 위대하게」는 웹툰의 장점을 고스란히 영상으로 옮긴다. 영화에 대한 호불호와 평가가 엇갈렸던 이유도 여기에 있다. 연재되는 방식의 이야기 구조 속에서 에피소드는 연속성을 잃어버린다. 연속성은 캐릭터의 동일성에 있을 뿐 서사적 연속성은 떨어진다. 하지만 영화는 한 시간 반 혹은 두 시간가량의 제한된 시간을 염두에 두고 만드는 연속성 있는 이야기이다. 「은밀하게 위대하게」는 단일한 영화적 서사로 평가하기에는 다소 산만해 보인다. 이야기는 툭툭 끊기고 캐릭터가 중구난방으로 튀기 때문이다.

중요한 것은 이러한 시도가 대중적으로 성공을 거뒀다는 점이다. 이는 기존의 웹툰 원작 영화들이 대부분 흥행에서 실패한 것과 대조된다. 대개 웹툰이 영화로 각색될 때 분절적인 에피소드들은 통일성 있는 이야기 구조로 변형되고 재해석된다. 웹툰의 가독성은 스크롤을 내리는 속도감과 연관된다. 웹툰은 연재의 속성상 한 회 안에 독립성과 연계성을 모두 가지고 있어야 한다. 하지만 영화는 다르다. 영화의 이야기는 두 시간가량의 한정된 시간 안에 기승전결을 갖춰 이야기를 제시해야 한다. 따라서 웹툰의 시나리오 각색은 재해석을 넘어 재구성에 가까워진다.

그런데 오히려 이렇게 재구성할 경우, 원작에 비해 못하다 혹은 원작의 리듬감이나 호흡을 잃어버렸다는 평가를 받는 게 일반적이었다. 「은밀하게 위대하게」는 영화적으로 보자면 이야기가 듬성듬성하고 개연성, 즉 있음직한 일을 꾸며내는 영화 서사의 기본 법칙에조차 위배되는 장면들이 많다. 위장 간첩들이 골목에서 공공연히 서로를 북한식 본명으로 부른다거나 북한 사투리로 군대 이야기를 나누는 장면 등이 그렇다. 그들은 누구에게 들킬까 봐 걱정하지도 않고, 때마침 아무도 그들의 이야기를 엿듣지도 않는다. 특별한 인연으로 엮인 세 사람이 하필 보잘것없는 달동네로 남파된 것도 어색하다. 아무리 위장이라고 해도, 알아낼 정보가 없는 곳에 남파된 것은 웃음의 소재 이상의 무엇이 되기 힘들다.

하지만 웹툰 독자와 영화 관객들은 꼼꼼한 개연성이나 있음직한 주제의식보다는 간첩과 바보 사이의 간극을 웃음의 요소로 받아들였다. 왜 하필 바보로 위장했는지 그리고 달동네에 왜 왔는지 개연성이 떨어지는 부분은 흥미로운 바보 캐릭터로 봉인하고 그의 이중적 면모에 무조건적인 지지를 보내는 것이다. 영화적 완성도에 결점이 되는 억지 반전에 관객들은 오히려 흥미를 보였다. 바보와 엘리트 요원이라는 아이러니 자체가 관심의 요소가 되는 것이다.

웹툰 원작 영화들은 「은밀하게 위대하게」를 기점으로 훨씬 더 늘어날 것이다. 영화적 각색에 공들인 작품들보다 캐릭터의 분석과 세밀화에 힘쓴 「은밀하게 위대하게」가 성공함으로써 당분간 캐릭터가 강한 웹툰이 영화의 원작으로 주목받을 듯싶다. 이는 아이언맨이나 배트맨 같은 영웅들을 그린 만화 원작이 꾸준히 블록버스터로 제작되는 할리우드의 형편과 비교할 만하다. 대중적 기호에 걸맞은 한국형 이야기 형태, 그 형태가 「은밀하게 위대하게」이다.

달라진 간첩, 남북한이라는 소재

남북문제는 한국 영화에 있어 매우 중요한 소재였다. 1970년대까지는 반공 영화의 주제였지만, 1990년대 「쉬리」(강제규, 1999)에 이르러 남북 분단은 주제뿐만 아니라 화려한 볼거리를 제공하는 블록버스터의 소재로 변모한다. 할리우드 블록버스터가 세계 침공을 노리는 허구적

적과 아군의 싸움을 그려냈다면,「쉬리」는 한국만의 독특한 역사적 상처를 블록버스터의 주제로 끌어들이는 계기를 제공했다. 이후「태극기 휘날리며」(강제규, 2004)는「라이언 일병 구하기Saving Private Ryan」(스티븐 스필버그, 1998)처럼 전쟁을 볼거리(스펙터클)의 중요 요소로 활용했다.

「웰컴 투 동막골」(박광현, 2005)이나「의형제」(장훈, 2010) 역시 남북한 문제, 한국전쟁과 분단을 소재로 대중들에게 사랑을 받은 작품이다. 「웰컴 투 동막골」은 이념이나 전쟁을 넘어선 인간애를 환상적 기법으로 그려냈고,「의형제」는 국가 체제의 변모와 변화에 따라 소모적으로 이용되는 간첩의 문제를 보여주었다.「고지전」(장훈, 2011),「간첩 리철진」(장진, 1999),「실미도」(강우석, 2003) 같은 작품들도 모두 남북 관계를 소재로 삼은 한국형 대중 상업영화의 예시에 포함된다.

그런 점에서「은밀하게 위대하게」는 기존의 남북 관계를 소재로 한 영화들과 구분되는 지점이 있다. 우선「은밀하게 위대하게」에 등장하는 주요 인물들이 10대에서 20대 초반으로 설정되어 있다는 점이다. 즉, 남북 분단을 직접 경험하고 이를 회고적으로 그린 작품인「웰컴 투 동막골」이나「고지전」과 비교할 때 주인공과 배경 시점이 완전히 다르다.「은밀하게 위대하게」의 주인공들은 한국에서 그 이야기를 소비하는 주요 계층과 비슷한 또래로 설정되어 있다. 이는 국가로부터 버림받은 간첩을 그린「의형제」의 주인공이 30대 초반의 가장이었다는 점과도 차별화된다. 웹툰의 주요 소비층인 20대와 같은 나이대로 주인공이 설정된 것이다. 나이의 동질감은 언어, 정치체제, 사상의 차별성을 훨씬 더 사실적으로 느껴지게 한다.

두번째는 간첩이라는 소재가 「본」 시리즈에 등장하는 제이슨 본처럼 위장의 빌미로 사용된다는 점이다. 이를테면, 이데올로기적 차별성이나 분단 현실의 대명사라기보다는 완벽한 생존 훈련을 거쳐 만들어진 살상기계, 체지방 3퍼센트 이하의 단련된 몸을 보여주기 위한 요소로 간첩이 선택된 것이다. 간첩이라는 캐릭터가 지금까지 국가, 가족, 이데올로기, 국제 정세 등에 민감한 인물이었던 것과 달리 「은밀하게 위대하게」에서 간첩은 캐릭터 형성을 도와주는 요소로 등장한다.

세번째는 주인공의 위장이 매우 무의미하다는 점이다. 가령, 「쉬리」에서 김윤진이 맡았던 남파 간첩은 한국 정보원의 아내로 위장한다. 그를 통해 한국의 보안과 정치, 경제적 내부 사안들을 감시하기 쉽기 때문이다. 즉, 간첩으로서 적합한 위장을 한 것이다. 하지만 원류환(김수현)의 위장은 한마디로 아무런 실질적 득이 없다. 바보로 위장함으로써 주위의 시선을 물리칠 수는 있지만 그렇다고 얻을 수 있는 것도 없다. 물론 영화 속에서 이런 무의미함에 점점 지쳐가는 원류환 캐릭터가 묘사되기는 하지만, 위장 간첩은 반어적 온도차를 위해 고안된 아이디어지 남북한의 문제를 실감 나게 다루기 위해 선택된 캐릭터라고 보기는 어렵다.

네번째는 결국 간첩 원류환 역시 국가의 이익에 따라 버려지는데, 여기에 북한의 정치적, 경제적, 사회적 변화가 간접적 영향을 미친다는 점이다. 김정은 체제로 바뀌고 난 후 「베를린」 같은 영화에서 제시

되었던 갈등의 양상이 「은밀하게 위대하게」에서도 반복된다. 세대교체에 따라 더 이상 쓸모없게 된 남파 간첩들이 아무런 이유 없이 제거된다. 하지만 정작 이런 장면들에서도 강조되는 것은 남북한의 달라진 현실이라기보다는 버림받은 인물, 주인공의 처절함이다. 즉, 원류환의 비극성을 강조하기 위해 남북문제가 필요한 것이지 분단 현실이 이야기의 초점은 아니라는 의미이다. 이는 영화에서 더욱 강조된다. 원류환의 화려한 무술 실력과 그것을 영상화한 액션 신이 남북 분단의 현실보다 비중이 높다. 주인공 원류한 역을 맡은 김수현이라는 배우의 매끈한 얼굴과 액션 연기를 보여주기 위해 남북한 갈등이 필요했다고도 볼 수 있다.

새로운 감각과 새로운 세대의 이야기

「은밀하게 위대하게」의 영화화와 흥행에는 우리 사회에서 발견할 수 있는 여러 변화들이 있다. 우선, 웹툰이라는 이미지 위주의 서사 방식이 10대, 20대 같은 젊은 세대들에게 매우 영향력 있는 서사로 자리잡았다는 점이다. 기존의 서사 양식인 소설이나 연극, 희곡과 달리 웹툰은 캐릭터와 압축적 이미지의 재현이라는 점에서 차별적이다. 영화로 치자면 스토리 보드와 닮아 있는 웹툰에서 젊은 소비자들이 공감을 찾아내고 있다.

두번째로, 더 이상 10대나 20대의 젊은 세대들에게 남북문제가 혈연이 결부된 이데올로기적 문제로 다가오지 않는다는 사실이다. 첩보 영화의 주요 캐릭터처럼 간첩이 소비되고 선택된다. 바보와 간첩이라는 이율배반적 캐릭터에서 웃음을 찾는 이유도 여기에 있다. 이제 남북문제는 가벼운 이야기 소재로 자리 잡게 될 확률이 높아졌다.

전쟁은 체험한 세대는 거의 사라지고, 젊은이들에게 분단은 절대적 현실일 뿐이다. 통일이 된다거나 과거 한 나라였다는 점도 피상적인 역사에 불과하다. 북한을 동족이 아니라 다른 나라, 다른 체제, 다른 민족으로 무관심하게 대하는 경우도 늘었다. 이제 남북문제는 박진감 있는 소재에 불과해졌다.

웹툰은 한국 대중영화의 중요한 원작이 될 것이다. 최근 큰 인기를 끌었던 「미생」도 드라마로 개작되어 원작 이상의 인기를 누렸다. 가장 동시대적인 문제의식을 드러내는 대중서사, 웹툰의 가치는 점점 더 높아질 것이다.

생각해볼 문제

1. 새로운 방식의 서사 매체들이 등장하고 있다. 특히 웹툰은 만화와 비슷하긴 하지만 이야기를 읽는 방식이 만화책과 확연히 다르다. 시간의 흐름에 따라 왜 매체들의 표현 방식이 달라지는 것일까? 만화책과 웹툰의 이야기 방식을 비교해서 이야기해보자.

2. 남북 분단이 대중 영화의 소재로 등장한 이후 점점 더 상업적인 소재로 각색되고 있다. 간첩이 주인공인 영화를 보면, 할리우드 블록버스터 속 첩보물의 캐릭터를 연상시키기도 한다. 분단이라는 소재를 오락거리로 다루는 데 대해 어떻게 생각하는지 서로 의견을 나누어보자.

3. 영화의 주인공을 맡은 배우가 누군지에 따라 흥행의 성패가 나뉘기도 한다. 「은밀하게 위대하게」의 주인공이 김수현 같은 꽃미남 배우가 아니었다면 흥행 여부가 달라졌을까?

함께 보면 좋은 웹툰

- 「그대를 사랑합니다」(강풀)
- 「미생」(윤태호)
- 「이끼」(윤태호)

함께 보면 좋은 웹툰 원작 영화들

- 「그대를 사랑합니다」(추창민, 2011)
- 「이끼」(강우석, 2010)
- 「의형제」(장훈, 2010)

7번방의 선물
2012
감독
이환경
출연
류승룡
갈소원

3. 무엇이 천만 관객의 마음을 움직였을까?

천만 관객과 사회적 영화의 출현

영화 「7번방의 선물」(이환경, 2012)이 한국 영화사상 여덟번째 천만 영화가 되었다. 한동안 천만 관객은 한국 영화 흥행의 새로운 역사적 지표가 되어주었다. 「7번방의 선물」 이전에 천만 관객 이상이 관람한 영화는 모두 7편이다. 「실미도」(강우석, 2003)에서 시작된 천만 관객 동원 영화는 「태극기 휘날리며」(강제규, 2004), 「왕의 남자」(이준익, 2005)를 거쳐 「도둑들」(최동훈, 2012), 「광해, 왕이 된 남자」(추창민, 2012)에 이르기까지, 외화 「아바타Avatar」(제임스 캐머런, 2009)를 포함하면 모두 9편이다.

천만 관객을 동원한 영화들을 보면 공통점이 있다. 우선, 사회적인 이슈를 건드린 영화가 많았다. 그중 하나가 바로 한국사의 비극적 장면 중 하나인 남북 분단이다. 「실미도」나 「태극기 휘날리며」는 남북 분단 상황을 영화의 소재로 사용한 경우이다. 봉준호 감독의 「괴물」 (2006)도 괴수 영화이기는 하지만, '한강'이라는 사회적, 역사적 공간을 활용한 작품이었다.

천만이라는 숫자가 워낙 크다보니 천만 관객을 돌파한 영화들은 사회적 현상으로 재해석되곤 한다. 「광해, 왕이 된 남자」 같은 경우는 따뜻한 리더에 대한 갈망으로 해석되었고, 「아바타」는 3D라는 새로운 기술의 적용과 놀라움에 대한 반응으로 이해되었다.

2012년에는 3년에 한 번 꼴로 나올까 말까 했던 천만 관객 영화가 같은 해에 두 편이나 탄생했다. 게다가 그 두 영화, 「도둑들」과 「광해, 왕이 된 남자」는 너무도 다른 성격의 작품이었다. 「도둑들」은 순수한 오락 영화를 표방했다. 다이아몬드를 훔쳐서 개인의 부를 쌓겠다는 내용이다 보니 사회적인 담론과는 거리가 멀었다. 반면 「광해, 왕이 된 남자」의 흥행에는 2012년 말 얼마 남지 않았던 대통령 선거에 대한 기대가 담겼었다는 평을 듣곤 했다.

그렇다면 「7번방의 선물」의 흥행에는 어떤 의미가 있으며 또 어떤 점이 관객들의 흥미를 끌었을까? 천만 관객이 본 영화는 이미 그 자체로서 사회적 의미를 갖는다. 즉, 천만 정도의 관객이 영화를 보았다면 이는 이미 하나의 문화적 현상이며 사회적 현상이라는 뜻이다. 이를 분석하는 것은, 개봉 당시의 사회적 분위기와 무의식의 결을 파헤쳐 보는 작업이기도 하다.

가족의 재해석

영화 「7번방의 선물」의 줄거리는 간단하다. 여섯 살 아이의 지능을 가진 남자 '용구'(류승룡)는 비록 지능이 낮고 적응력이 떨어지지만 딸 예승과 함께 매일매일을 성실하게 살아간다. 해피마트의 주차요원으로 생계를 꾸려가는 용구에게 딸 예승은 삶의 의미이자 목적이며 전부이다. 그런 딸 예승이 초등학교 입학 선물로 세일러문 가방을 갖고 싶어 하자, 두 사람은 매일 동네 문방구에 전시된 세일러문 가방을 보며 월급날만을 기다린다. 그러던 중 사소한 오해로 용구는 경찰청장에게 이상한 사람으로 낙인찍히고 만다. 마지막으로 남은 가방이 경찰청장의 딸에게 팔리자 낙담했던 용구는 청장 딸의 안내로 아직 가방이 남은 곳을 향해 간다. 하지만 그 길에 그만, 일이 터지고 만다. 청장의 딸이 사고로 죽게 된 것이다.

여섯 살 지능의 남자, 전날의 실갱이, 아이의 몸을 만진 정황들이 합쳐져 용구는 파렴치한 아동 성추행범이자 살인범으로 지목된다. 사실 용구의 행위에는 선후 관계만 있을 뿐 인과관계는 없다. 즉, 전날 어떤 일로 실갱이가 있고 난 후 용구는 청장의 딸을 만났고 아이가 죽었다. 여기엔 시간적 선후 관계만 있지만 사람들은 인과관계를 만들어낸다. 다시 말해 실갱이 끝에 반감을 갖게 된 용구가 일부러 아이를 납치해 잔혹하게 살해했다는 정황 말이다.

선후 관계를 인과관계로 오해하는 것을 논리학에서 '오비이락의 오류'라고 부른다. 이 말은 '까마귀 날자 배 떨어진다'는 말에서 유래한 것으로 시간적, 공간적 우연성을 인과관계나 필연적 의도로 읽어내는 오류를 가리킨다. 즉, 우연성을 필연성으로 읽어내는 것이 바로 오비이락의 오류인 셈이다. 하지만 용구는 자기 스스로를 변론하거나 변호할 능력이 부족하기에 그만 실형을 선고받는다. 여기에는 딸의 죽음에 대해 어딘가 앙갚음을 하고 싶은 경찰청장의 무자비한 판단도 덧보태진다. 경찰청장은 딸 예승에게 해를 가하겠다고 용구를 협박한다. 순진한 용구는 딸을 보호하기 위해 하지도 않은 일을 자백한다.

딸을 위해 저지르지도 않은 죄를 인정한 용구는 사형을 언도받고 억울하게 죽음을 맞게 된다. 「7번방의 선물」이 관객에게 호소하는 감정은 바로 이것, 아버지의 부성애이다. 비록 지능이 떨어지고 가난하지만 딸아이를 위해 최선을 다하는 아버지, 목숨도 아끼지 않고 내놓는 부성애를 호소하는 것이다. 게다가 지적으로 부족함이 있는 아버지의 사랑이기에 관객들은 더욱 큰 감동을 받게 된다. 최소한의 조건으로 최대의 사랑을 베푸는 아버지를 보여주기 때문이다.

최근 경제적 불황이 거듭되면서, 자식을 버리거나 경제적 부담을 이유로 아예 낳지 않는 일도 많아졌다. 이렇게 팍팍해지는 현실에 비해 영화 속 용구의 사랑과 희생, 헌신은 정상적 지능과 건강한 육체를 지닌 사람들로 하여금 반성의 눈물을 짓게 한다. 용구의 사랑이 눈물을 자아내는 첫번째 감동의 근거는 바로 우리 모두가 다 가지고 있는 '가족'인 셈이다.

사회의 구조적 모순의 재해석

앞서 잠시 언급했지만, 용구는 억울하게 범죄자가 되어 수감되고 심지어 사형을 언도받아 목숨을 잃고 만다. 그런데 용구의 억울함에는 단순한 '오해'가 아닌 사회적 모순이 숨어 있다. 경찰청장이라는 권력을 가진 자의 오해가 실형으로 이어지는 과정도 그렇다. '유전무죄, 무전유죄'라는 말처럼 용구는 지적으로 부족하고 경제적으로 가난하기 때문에 억울한 옥살이를 하고 가족과 헤어지며 목숨까지 잃는다.

미성년자 성추행범이라며 그의 말을 제대로 들어주지 않는 사람들에 대한 비판도 있다. 한편으로 예승이가 유소년 보호 단체인 보육원에서 생활하는 장면도 사회적 비판을 담고 있다. 보육원 교사의 싸늘한 말투와 태도는 우리 사회의 복지의 실상을 보여주는 듯하다. 즉, 겉으로만 보호해줄 뿐 아이의 상처받은 영혼을 보듬어주지 못하는 허울좋은 보호라는 점에서 말이다.

마지막으로 법정 장면도 우리가 생각하는 사법적 정의에 대한 불신과 불만을 보여준다. 가난한 용구에게 배정된 관선 변호사는 성실한 변론을 하지 않는다. 그의 진심을 듣거나 무죄를 입증하려 노력하지도 않고 시간만 채우려 한다. 이러한 사회적 모순 속에서 용구는 무고한 죄인이 되어 목숨을 잃는다.

용구의 무고한 죽음을 지켜보며 많은 관객들이 눈물을 흘렸다. 그토록 사랑했던 딸과 영영 헤어진다는 상황은 슬픔을 더욱 배가시켰다. 이 눈물은 죽음이라는 절대적 주제가 주는 안타까움이기도 하지만 자신의 무죄를 입증하지 못하는 힘없고 가난한 자에 대한 연민이기도 했다. 영화 「7번방의 선물」은 우리가 공감할 만한 사회적 모순을 이야기 곳곳에 배치함으로써 관객들에게 감정적 동의를 구하는 데 성공한 셈이다.

새로운 '공동체'로서의 가족

영화 「7번방의 선물」의 주요 공간은 감옥, 감방 안이다. 그런데 이 감방 안의 구성원들은 우리가 생각하는 흉악한 범죄자가 아니라 인간적 매력을 지닌 사람 냄새 나는 이들로 묘사된다. 비록 죄를 지어 수감된 상태지만 그들의 예승과 용구를 위하는 순박한 마음만큼은 대단하다. 사형수 용구의 소원이기에, 용구의 순박한 마음을 알기에 그들은 감옥 안에서 예승과 가족처럼 지낸다.

영화 속에서 예승은 이들을 삼촌이라 부르고 교도소 과장을 아버지라고 부른다. 비록 감옥 속 인물들은 생물학적으로는 무관한 사람들이지만 몇 주를 함께 머물고 지냈다는 이유로 가족처럼 살아간다. 그들도 예승을 용구의 딸이 아닌 친딸처럼 대해준다. 용구가 목숨을 잃고 난 후에도 교도소 과장은 아버지처럼 예승을 사랑으로 돌보고 나머지 삼촌들 역시도 아껴준다.

예승이 변호사로 똑똑하고 건강하게 성장할 수 있었던 것도 모두 이들의 관심과 사랑, 보호 덕분이다. 「7번방의 선물」이 보여주는 감옥, 감방 속 세계는 세상에 존재하지 않는 이상적 공동체에 가깝다. 비록 혈연은 아니지만 사랑과 관심으로 구성된 가족적 공동체 말이다.

감방의 풍경은 좁은 단칸방에 예닐곱 식구가 빼곡히 모여 살던 1960년대 한국의 여느 가정집을 연상시킨다. 삼촌, 고모 할 것 없이 수많은 식구가 작은 상을 하나 펴두고 식사를 나누는 풍경과도 닮아 있다. 즉, 영화 속 감옥, 감방은 현실의 사실적 공간과는 거리가 멀다. 오히려 그것은 꿈에서나 볼 수 있는 낭만적 환상에 불과하다. 사람들이 감동하고 눈물을 흘리는 까닭도 이 낭만적 환상과 관계가 있다. 영화 속에서 예승과 용구가 노란색 기구를 타고 교도소 담장을 넘으려 했던 것처럼, 그런 따뜻한 공동체에 대한 달콤한 바람이 영화 전반에 깔려 있는 것이다.

즉, 「7번방의 선물」은 우리 사회의 모순을 요소요소로 보여주고, 이를 환상과 이상적 이미지로 해결해준다. 영화를 통해 사랑과 관심, 희생 등의 숭고한 이념은 이미지로 재현된다. 비록 현실성은 떨어지지만 많은 관객들은 이러한 낭만적 판타지에 기꺼이 동의와 감동을 표현했다. 대중들은 이런 구수한 밥상 공동체, 따뜻한 공생의 공간을 원하는 것이다.

생각해볼 문제

1. 감방을 따뜻한 공동체로 제시할 때, 범법자에 대한 오해가 생길 수 있지는 않을까? 영화 속에서 범법자를 지나치게 낭만화한 것은 아닌지 토론해보자.

2. 「7번방의 선물」이 보여주는 사회적 모순은 지나치게 도식적이고 거친 바가 있다. 즉, 가진 자는 무조건 편협하고 나쁘며 그렇지 않은 자는 선하다는 단순한 선악의 대립이 있다. 과연 선악은 이토록 선명히 구분될 수 있는 것일까?

3. 「7번방의 선물」은 감동을 위해 몇몇 억지스러운 장면들을 보여준다. 가령, 아이를 데려다 감방에서 함께 머문다거나 열기구를 만들어 탈옥하려는 장면처럼 말이다. 현실에서는 절대 일어날 수 없는 일을 담은 이런 장면들은 과연 어떤 의미가 있으며, 어떤 오해를 불러올 수 있는지 토론해보자.

함께 보면 좋은 책

- 『레미제라블』(빅토르 위고)
- 『리타 헤이워드와 쇼생크 탈출』(스티븐 킹)
- 「벙어리 삼룡이」(나도향)

함께 보면 좋은 영화

- 「아이 엠 샘I Am Sam」(제시 넬슨, 2001)
- 「그린 마일The Green Mile」(프랭크 대러본트, 1999)
- 「쇼생크 탈출The Shawshank Redemption」(프랭크 대러본트, 1994)

범죄와의 전쟁: 나쁜놈들 전성시대
2011
감독
윤종빈
출연
최민식
하정우

4. "나만 잘살면 돼!" 가족이란 이름으로

과거를 통해 본, 오늘의 모순

「범죄와의 전쟁: 나쁜놈들 전성시대」(윤종빈, 2011)는 몇 가지 점에서 지금 우리가 살고 있는 시대적 징후를 보여주는 작품이다. 우선, 과거를 회상하고 있다는 점에 주목해야 한다. 최근 한국 영화에서 두드러진 현상 중 하나가 바로 과거를 복구하거나 재조명하는 것이다. 「써니」(강형철, 2011)가 재현한 1980년대의 풍경도 그중 하나이다. 「건축학 개론」(이용주, 2012)의 1990년대까지 언급하자면, 복고주의라고도 부를 수 있을 이 과거 회귀와 회상은 최근 흥행 영화의 중요한 코드 중 하나라고 할 수 있다.

문제적인 것은 회상의 시점이 복고주의라는 소재적 귀납법이 아니라, 왜 하필 과거의 재현일까라는 서사적 차원에서의 질문이다. 영화가 다루고 있는 시공간은 과거지만 우리는 그것을 현재처럼 보고, 느낀다. 즉, 이러한 과거형은 우리가 살고 있는 현재를 잠시 잊게 하는 효과가 있다. 영화의 복고주의에는 과거가 주는 낭만성과 향수가 자리 잡고 있는 것이다. 회상은 적절한 망각 위에 구축된다. 일종의 편집이라고 말할 수 있는 기억의 재구성이 곧 회상의 원리이니 말이다.

그런데 「범죄와의 전쟁」이 재현하는 과거는 현재 30대인 이들의 아버지 세대가 주름잡았던 1980년대 경제 주체들의 시공간이다. 이는 그동안 우리 영화나 소설 속, 즉 서사 가운데서 1980년대가 늘 대학생의 입장에서 서술되었던 것과 비교된다. 운동권, 비운동권, 후일담과 같은 맥락에서 재현되고 복기되던 1980년대 역사는 정치사로 기술되었다고 봐도 무방하다. 영화 속에서 재현되었던 1980년대엔 늘 민주화운동의 그림자가 어려 있었다. 「오래된 정원」(임상수, 2007)이나 「사랑해, 말순씨」(박흥식, 2005) 같은 영화에서처럼 말이다.

반면, 「범죄와의 전쟁」에 그려진 1980년대는 우리가 기억하고 싶은 양심적인 1980년대와는 다르다. 일단 주요 인물들의 환경부터 차이가

난다. 「범죄와의 전쟁」의 주인공들은 대학 근처에도 가지 못한 채 조직폭력배가 된 20대, 80년대 경제 발전의 주체로 평가되는 당시의 30대들의 모습이다.

그들은 가정 내에서 보자면 평범한 가장이지만 경제적 성장을 일구었던 현장을 엄밀하게 뒤져보면 깡패와 다를 바 없다. 윤종빈 감독은 부분적 기억상실에 의존한 역사가 경제주체라 부르는 이들이 실은 깡패와 다르지 않다고 말한다. 갱스터 문법으로 풀어낸 1980년대의 의미가 그렇다는 뜻이다. 그들이 깡패와 다를 바 없는 이유는 성장과 성공을 위해서라면 꺼릴 것이 없었기 때문이다.

그들에게, 우리의 아버지들에게 '법'이라는 보통명사는 지연, 혈연, 학연에 의해 언제든 재해석이 가능한 문자들의 조합에 불과하다. 「범죄와의 전쟁」의 주인공 최익현(최민식)에게도 법은 구멍이 성긴 그물에 불과하다. 그는 세관원으로 일할 때는 검은돈으로 재산을 늘리고, 불리할 때는 족보를 핑계로 우위를 점한다. 잡히는 놈이 바보, 그는 자신의 이익을 챙기기 위해 요리조리 성긴 구멍 사이를 비집고 나간다.

말하자면 「범죄와의 전쟁」이 재현하는 1980년대는 부정한 아버지가 일군 부당한 텃밭이다. 최익현은 가족의 생계를 책임진다는 점에서는 분명 선량한 아버지이다. 적어도 한국문학이나 영화 속에서 곧잘 묘사되던 무책임한 아버지, 즉 늘 집을 비운 채 어머니에게 모든 책임을 떠넘겼던 부재하는 아버지들과는 구분된다. 집을 지키고 생계를 유지한다는 점에서는 부재하는 아버지보다 윤리적으로 여겨지고 편모슬하의 가정보다는 윤택해 보인다. 한 가정에서 볼 땐 훌륭한 아버지지만 이 아버지가 보존하는 아름다운 왕국인 가정은 온갖 범죄와 협잡을 통해 일궈진 일그러진 왕국임이 분명하다. 현재 우리가 누리고 있는 윤택함이 최익현 같은 부도덕한 아버지가 일궈낸 성과인 셈이다. 최익현에게 가족은 조직폭력배를 뜻하는 '패밀리'를 기반으로 유지된다. 조직이 패밀리로 이뤄지고, 그 패밀리 때문에 오히려 조직이 와해되는 갱스터 영화 속 모순은 1980년대에도 고스란히 반복된다. 집으로 돌아온 아버지는 부재하는 아버지보다 더 나쁘다. 아니 적어도 몇 배는 더 부도덕하다. 윤종빈 감독이 말하는 1980년대의 아버지는 이렇게 정의될 수 있다.

중요한 것은 이 아버지들이 우리의 현재를 일군 토대이자 바탕이라는 사실이다. 최익현의 아들이 검사가 되어 더욱 강해진 기득권층이 되는 것처럼 최익현으로 대표되는 1980년대의 아버지는 내 가족이라는 작은 명분을 위해 정의와 도덕마저 외면한 세대들로 묘사된다. 내 아이, 내 가족만 잘되면 된다는 가족 이기주의는 결국 윤종빈 감독이 본 부패한 현실의 원흉이다. 모두가 내 가족만을 앞세울 때 세상은 점차 퇴보한다. 결국, 정의나 도덕을 빠져나가서라도 어떻게든 생존하는 것만이 삶의 최고 가치가 되기 때문이다.

윤종빈 감독은 1980년대라는 시대의 모순을 갱스터 느와르 문법으로 재현하고 재해석한다. 갱스터 장르로 1980년대를 본다는 것 자체가 이미 1980년대를 모순과 협잡의 공간으로 해석했다는 것을 보여준다. 태생적으로 보아 갱스터 영화는 부도덕한 경제성장과 밀접한 관련이 있다. 1920년대 미국의 급격한 경제성장의 그늘에 밀주, 마약 매매와 같은 조직범죄가 있었던 것처럼 말이다.

「범죄와의 전쟁」에서 두번째로 주목할 점은 시대적 사실성을 되살리기 위한 여러 가지 미장센의 역할이다. 첫번째 미장센으로는 우선 의상과 분장을 꼽을 수 있다.

영화 속에서 짙게 풍겨 나오는 1980년대풍은 바로 의상과 분장 덕을 많이 보고 있다. 2대 8 가르마로 단정히 빗어 넘긴 단발과 양복 스타일은 단번에 1980년대풍을 환기시킨다. 또 다른 미장센으로는 공간과 음악을 들 수 있다. 놀랍게도 「범죄와의 전쟁」에는 세트가 거의 사용되지 않았다. 고전적인, 과거의 느낌을 간직한 장소에서 촬영된 것도 있지만 윤종빈 감독은 주로 의상이나 분위기로 1980년대적 공감대를 만들어내는 데 성공했다.

무엇보다 이 작품을 웰메이드 영화로 만든 것은 바로 감독의 철저한 캐릭터 분석력과 배우들의 연기력이라고 말할 수 있다. 검사 역을 맡은 곽도원이나, 만년 2인자 역할에 신물이 난 김판호 역할을 맡은 조진웅, 그리고 최익현의 매제 역인 마동석은 지금까지 맡아온 그 어떤 역할 이상의 에너지를 발휘하고 있다. 물론 연기력은 배우 개인의 역량에 크게 의존하지만, 감독의 적절한 캐릭터 분석과 판단 없이 훌륭한 연기는 존재할 수 없다. 1등과 2등 사이의 미묘한 긴장을 이끌어내는 솜씨도 만만치 않다. 몇 마디 대사만으로 강렬한 인상을 남긴 김성

균을 캐스팅한 것 역시 절묘한 감독의 감각이라고 말할 수 있다.

과거는 재현하는 게 중요한 게 아니라 그 소환의 이유가 분명할 때 재현의 의미와 만난다. 단순한 향수의 대상일 때 과거는 판타지로 낭만화되고 현재성을 박제당하고 만다. 추억의 사진첩으로서의 과거는 판단과 반성을 미룬 채 구축되는 낭만적 감성주의에 불과하다.

그런 점에서 「범죄와의 전쟁」은 영화가 왜 과거를 소환하는지, 근본적인 물음을 던지는 작품임에 분명하다. 그것은 바로 우리가 발 딛고 살아가는 현재의 토대를 묻는 것, 어쩌면 부정한 아버지의 부도덕한 선택에 의한 결과가 우리가 누리는 풍요로운 삶의 근간이 아니었는지 묻는 것이다. 우리는 그 과거를 부정할 게 아니라 한 번쯤 똑바로 봐야 할 필요가 있다.

생각해볼 문제

1. 한국문학과 영화에서 가족은 중요한 소재이다. 특히 아버지의 초상을 그린 작품들이 많은데, 시대별로 어떤 작품들이 있고, 어떤 특징이 있는지 찾아보자.

2. 한국의 근현대사는 고속, 고도 발전이라고 요약할 수 있다. 급속한 성장이 낳은 여러 가지 부작용들도 사회 곳곳에 퍼져 있다. 「범죄와의 전쟁: 나쁜놈들 전성시대」 속 아버지의 모습과 한국 근현대사의 응달은 어떤 연관이 있을까?

3. 「범죄와의 전쟁: 나쁜놈들 전성시대」는 1980년대를 주요한 배경으로 삼고 있다. 영화 속에서 1980년대라는 분위기는 어떻게 설정되어 있는지, 구체적인 장면이나 의상, 장소 등을 통해 사실성을 검증해보자.

함께 보면 좋은 책

- 『가시고기』(조창인)
- 「광기의 역사」(공지영)
- 『우리들의 일그러진 영웅』(이문열)

함께 보면 좋은 영화

- 「나의 독재자」(이해준, 2014)
- 「우아한 세계」(한재림, 2007)
- 「대부The Godfather」(프랜시스 포드 코폴라, 1972)

고령화 가족
2013
감독
송해성
출연
박해일
윤제문

5. 이상한 가족이 보여준 가족의 새로운 정의

고령화 가족은 무엇일까?

천명관 작가의 소설 『고령화 가족』에 등장하는 가족들의 평균연령은 49세이다. 칠순의 노모가 살고 계신 집에 쉰두 살 큰형이 얹혀살고 마흔아홉의 둘째 아들까지 들어온다. 스물네 평의 작은 아파트지만 다행인지 불행인지 방이 세 개나 돼서 그래도 아직까지는 각자 한 방씩 차지할 수 있다. 그런데 여동생이 중학생 딸아이를 데리고 들어온다. 이제 영락없이 둘째 아들과 첫째 아들이 같은 방을 써야 한다. 초등학생 형제들도 아니고 중년에 접어든 형제가 한 방을 쓰다니 그것도 칠순 노모의 집에 빌붙어 장가도 못 가고 말이다. 이 기막힌 동거가 소설의 출발점이다.

송해성 감독이 연출한 영화 「고령화 가족」(2013)의 상황도 크게 다르지 않다. 물론 영화는 상업적 매체이다 보니 여러 가지 조건들이 달라지긴 했다. 일단 가족들의 나이가 조금씩 낮춰졌다. 머리가 벗겨지고 배가 나온 40~50대 아저씨들을 주인공으로 삼기는 부담스러웠을 테니 말이다. 하지만 소설이나 영화나 바뀌지 않은 한 가지가 있다. 그것은 '밥'으로 가족의 연대를 돈독히 하는 '엄마'의 힘이다. 엄마는 나잇값 못하는 자식들이지만 열심히 거둬 먹인다. 이 철없는 자식들은 그런 엄마의 힘으로 하루하루를 버텨나간다.

고령화 사회라는 현실

고령화는 이제 예감이 아니라 현실이다. 문제는 고령화가 노인들을 지칭하는 게 아니라 '가족'이라는 보통명사를 수식한다는 점이다. '고령화 가족'이라는 게 말도 안 되는 설정 같지만 사실 꽤나 개연성 있는 상황이다. 게다가 요즘처럼 불황일 경우엔 더더욱 그렇다.

영화 속에서 둘째 아들은 호기롭게 만든 첫번째 영화가 망하고 난

후 모든 것을 잃고 만다. 우선 돈을 모조리 잃는다. 단칸방 월세도 못 내는 상황이다 보니 주변 사람들이 하나둘씩 떠나고 만다. 끝까지 곁을 지켜줘야 하는 아내가 가장 먼저 떠난다. 교도소를 들락날락하는 첫째 아들에겐 변변한 직장이 있을 리 없다. 직장이 없으니 아내가 있을 리 없고 집은 말할 것 없다.

그런데 이런 상황은 우리 주변에서 심심치 않게 발견된다. 10여 년 전만 해도 서른이 넘은 아들딸이 부모와 함께 사는 것은 그다지 일반적인 상황은 아니었다. 서른쯤 된 자식들에게 기대되는 면들이 있다. 가령, 변변한 직업을 가져야 하고, 결혼을 해서 나름대로 한 가족을 이루고 살아야 한다. 그게 사회가 요구하는 서른 이후의 삶이다.

하지만 취업난이 심해지다 보니 결혼이 늦어지고, 자녀들이 부모로부터 독립해 가정을 꾸리는 나이가 점점 늦춰지고 있다. 그러다 보니 정말 우리 사회의 가족들은 '고령화'가 되고 말았다. 서른이 훌쩍 넘은 아들딸이 부모님의 용돈을 받으며 방 한 귀퉁이를 차지하고 있는 상황이 낯설지 않게 된 것이다. 어쩌면 이런 고령화 가족의 일반화야말로 최근 한국 사회의 특이 현상 중 하나일지도 모르겠다.

가족, 최소한의 이데올로기 그리고 윤리

아무에게도 의지할 수 없는 막막한 상황, 그래도 가족이 있으면 힘이 된다. 직장을 구하지 못한 변변치 못한 아들도, 결혼을 꿈꾸기엔 너무나 가난한 딸도, 적어도 그들 곁에 부모와 형제가 있다는 것이 비빌 언덕이 되어주는 것이다.

가족은 언제나 말썽투성이다. '가지 많은 나무에 바람 잘 날 없다'는 말의 속뜻도 어떤 가족이든 골치 아픈 사연 없는 가정은 없다는 의미를 담고 있다. 잘난 녀석도 있고, 못난 녀석도 있고, 좋은 일도 있고 나쁜 일도 있으면서 그렇게 가족은 지탱된다. 밖에서 볼 때 아무리 좋아 보여도 문제가 있을 수 있고, 한숨이 나올 만큼 답답한 가족들 간에 의외로 끈끈한 애정이 흐를 수도 있다.

가족, 사실 그건 신을 잃어버린 현대에서 우리가 신 대신 믿고 사는 어떤 유일한 가치일지도 모르겠다. 보이지 않는 신에게 도덕과 윤리를 맡기느니 내 눈앞의 가족을 위해 도덕과 윤리를 지켜가는 것. 가족이란 그렇게 '나' 혼자만의 삶을 '우리'의 삶으로 지탱시켜주는 힘이기도 하다.

영화 「고령화 가족」의 구성원들은 척 봐도 문제가 많다. 말하자면, 대놓고 자랑할 만한 자식이 하나도 없다. 다들 서른이 넘었지만 '엄마' 그늘 아래 기생하는 것만 봐도 그렇다. 이 가족 구성원들은 결격 사유를 잔뜩 가지고 있다. 아니, 상식적 수준을 충족하는 구성원은 단 한 명도 없다. 이 가족은 우리가 흔히 말하는 실패자, 낙오자, 루저들이라고 말할 수 있다. 세상과 상식이 요구하는 기준점에 못 미치는 사람들, 그 사람들이 바로 이 '고령화 가족'인 셈이다.

시작은 첫 영화를 완전히 망해 먹은 아들의 이야기이다. 집안에서 유일하게 대학을 나오고, 게다가 영화감독이라고 불리는 둘째 아들 오인모(박해일)는 집안의 영광이자 자랑이다. 대개 그런 집안이 그렇듯 여동생은 오빠를 위해 희생한다. 유일한 '먹물'이자 '지성인'이니 말이다.

이 집안에서 가장 큰 골칫덩어리는 바로 첫째인 오한모(윤제문)이다. 무슨 일을 하는지 종잡을 수 없는 이 인물은 얼핏 보면 백수, 자세히 보면 건달이다. 러닝셔츠와 반바지를 일상복 삼아 하루 종일 내내 드러누워 생활한다. 김치는 대충 손으로 죽죽 찢어 먹고 도매용 커다란 과자를 옆구리에 낀 채 쌓아둔 만화책을 읽어나간다. 아무데서나 방귀를 뀌는 것은 뭐, 그다지 이상한 일도 아니다.

이렇다 보니 식구들 모두가 대놓고 첫째, 오한모를 타박한다. 특히 직장을 가져서 돈을 벌어오는 막내 미연(공효진)의 괄시는 대단하다. 결혼을 환승쯤으로 여기는 미연은 조금 더 나은 남자를 위해 결혼과 이혼을 밥 먹듯 한다. 그녀의 딸이자 조카인 민경도 만만치 않다. 이런 집구석이 지긋지긋하다며 마침내 가출도 불사하는 녀석이지만, 사실 이 집에서 그 누구도 제대로 된 충고를 해줄 만한 사람이 없다.

이 집안의 기둥은 칠순 가까이 돼서도 화장품 방문판매를 멈출 수 없는 엄마(윤여정)이다. 영화 초반, 삶의 기로에 선 둘째 아들은 집세를 닦달하는 집주인의 목소리에 자살하려 하지만 그 순간 엄마의 전화 한 통에 마음을 고쳐먹는다. 엄마는 그저 "너 좋아하는 닭죽 해놨으니 먹고 가"라고 말했을 뿐인데 말이다.

죽느냐 사느냐로 고민하던 오인모는 엄마의 말 한마디에 자살할 생각을 접는다. 하나하나 개인으로 보자면 문제가 많은 이 가족은 '엄마'가 차려준 밥상에 둘러앉아 된장찌개 냄비 속에서 숟가락을 부딪치며 지탱된다. 어머니야말로 이 가족이 유지될 수 있게끔 붙들어주는 강력한 인력이자 점성이다.

한국문학에서는 편모슬하의 가정들을 종종 그려왔다. "떡 사세요"를 외치며 육남매를 부양하는 어머니 유형은 한국 사회가 고도성장을 거치면서도 그 멀미를 견딜 수 있었던 힘이기도 하다. 비워진 아버지의 자리를 어머니는 끈끈한 정으로 채워 넣는다.

세상은 험하고 잔인하다. 잘못을 용서해주지도 낙오자를 기다려주지도 않는다. 이 험난한 사회에서 다친 영혼을 달래주는 것, 그것이 바로 가족이다. 영화가 말하는 가족의 최소 윤리란 바로 이런 것이다. 부유하고 대단한 집안이라서 가족이 소중한 게 아니라 흠 많고 탈 많은 개개인이 걱정 없이 쉴 수 있는 유일한 곳. 그곳이 바로 가족이라는 점에서 말이다.

가족의 행복은 소박한 일상에서 자라난다

톨스토이는 모든 행복한 가정은 비슷비슷하게 행복하고 불행한 가정은 제각각 다른 이유로 불행하다고 말했다. 하지만 이 말을 거꾸로 하면, 어느 집이든 들여다봐서 문제없는 집은 없다. 있으면 있는 대로 없으면 없는 대로, 많이 배우면 배운 대로 그렇지 않으면 그런 대로,

집이란 사실 하고많은 사건 사고들로 채워진 공간이다.

「고령화 가족」이 말하는 가족은 여기서 한 걸음 더 나아간다. 그것은 진짜 혈육으로 이뤄져야만 꼭 가족이 되는 건 아니라는 것이다. 말하자면, 입양을 했든 우연히 함께 지내게 된 아이든 간에 일단 숟가락 맞부딪히며 살게 되면 그게 바로 가족이다. 그런 점에서 「고령화 가족」의 '엄마' 품은 넓고도 깊다. 자신의 슬하에 들어온 아이라면 넉넉한 품으로 보듬어 자식으로 길러낸다. 내 피, 내 살을 구분해 차별하는 것이 아니라 '내 밥을 먹는 아이는 내 아이'란 철학은 사실 함부로 따라 할 수 없는 윤리적 태도이기도 하다.

빅토르 위고가 『레미제라블』에서 말한 것도 여기서 멀지 않다. 비참하게 버려진 여인 팡틴의 어린 딸 코제트. 장 발장은 그녀를 딸로 받아들여 키운다. 이렇듯 육아라는 개념은 반드시 혈육에 한정되어 이뤄지는 것이 아니라 사회적 공동 책임 속에서 이뤄져야 한다. 「고령화 가족」에서 엄마는 '공동육아'라는 거창한 용어는 몰랐지만 그걸 정으로, 사랑으로 이미 실천해온 인물이라고 할 수 있다. 혈육으로 이뤄져야만 가족일까? 밥숟가락 맞대고 한 변기 쓰고, 한 공간에서 숨을 나눠 쉬면 가족이지 뭐! 영화 속에서 엄마는 그렇게 말하는 듯싶다.

가족은 위대하지만 그렇다고 대단한 것도 아니다. 세상에는 '표준적 가치'가 요구하는 상식에 맞춰 사는 삶만 있는 것은 아니다. 상식은 어쩌면 그것으로부터 벗어나 있는 수많은 예외들 덕분에 상식으로 대접받는 것인지도 모른다.

삶에 정답이 없듯이 가족, 사랑에도 정답은 없다. 그러니 있는 그대
로 긍정하며 서로를 보듬어 지켜주는 곳, 그 따뜻한 묵인이야말로 가
족의 속 깊은 의미가 아닐까?

생각해볼 문제

1. 가족을 무엇으로 정의할 수 있을까? 혈연집단이 우리가 아는 가장 기본적 가족 모델이다. 그렇다면 입양 가족이나 싱글맘, 결혼하지 않은 독신 가구는 완전한 가족이라고 볼 수 있을까? 가족의 정상성이란 무엇을 의미하는지 자신의 생각을 써 보자.

2. 가족의 형태는 시대와 장소에 따라 달라진다. 30여 년 전만 하더라도 여러 세대가 한 집에 함께 사는 게 보편적이었지만 지금은 그런 가정을 찾아보기 힘들다. 최근 한국 사회에서는 지나치게 낮은 출산율이 문제가 되고 있다. 70년대엔 둘만 낳아 잘 기르자고 선전했지만, 지금은 많을수록 좋다고 홍보한다. 시대에 따라, 장소에 따라 달라지는 이상적 가족상을 찾아서 비교해보자.

3. 가족의 유지를 위해 구성원이 해야 할 의무와 사회가 해야 할 책임도 있다. 무상 급식, 무상 보육과 같은 복지제도는 가족의 유지와 연관된다. 그렇다면, 사회가 책임져야 할 가족의 역할이란 어떤 것일까? '어린이집' '보육원'의 역할과 가치에 대해 토론해보자.

함께 보면 좋은 책

- 『고령화 가족』(천명관)
- 『레미제라블』(빅토르 위고)
- 『오빠가 돌아왔다』(김영하)

함께 보면 좋은 영화

- 「에브리바디 올라잇The Kids Are All Right」(리사 촐로덴코, 2010)
- 「미스 리틀 선샤인Little Miss Sunshine」(조너선 데이턴·발레리 페리스, 2006)
- 「가족의 탄생」(김태용, 2006)

소원
2013
감독
이준익
출연
설경구
엄지원

6. 그래도
삶은 계속된다

실제 사건과 허구화

현실에서 좀처럼 보기 힘든 극적인 사건이나 믿기지 않는 일이 벌어졌을 때, 흔히들 '영화 같다'고 말한다. 그런데 오히려 현실이 더 끔찍하고 극악한 경우가 더 많다. 가령, 아이에게 다량의 소금을 먹여 죽음에 이르게 했다거나 반대로 물을 지나치게 먹여 쇼크사에 이르게 했다는 계모 이야기 혹은 아이를 때려 숨지게 했다는 친부모 이야기를 들을 때 말이다. 신문의 사회면을 차지한 이런 기사들은 과연 인간다움이란 무엇인가를 생각하게 한다. 인간이라면 적어도, 아이를 그렇게 학대해서는 안 되기 때문이다. 자기방어 능력이 부족한 어린아이에게 폭력을 행사한다는 것은 인간성을 포기한 것과 다를 바 없다.

아르헨티나의 소설가 보르헤스는 일찍이 소설보다 현실의 삶이 훨씬 더 끔찍하다고 말한 바 있다. 아무리 끔찍한 상상을 한다 해도 현실에서 그보다 더한 사건이 터지기 마련이다. 할리우드 블록버스터 영화에서 숱하게 보았던 테러 장면들은 결국 영웅에 의해 진압된다. 하지만 9·11 테러 사건은 그런 진압이 영화적 허구에 그친다는 것을 확인시켜주었다.

영화 속 전쟁에서는 우정과 사랑이 기적을 일으키기도 한다. 하지만 현실에서 그런 일은 기적이라는 말에 합당하리만큼 아주 드물게 발생한다. 어쩌면 인간의 삶이라는 게 기대보다 흉포하고 생각보다 고단한 일일지도 모른다.

2008년에 발생했던 조두순 사건도 그렇다. 학교에 가던 여덟 살 어린 소녀가 더러운 공중화장실에 끌려가 참혹한 방식으로 성폭행을 당했다. 일갈한다 해도 '고문에 가까운 수준의 성폭행'이다. 아이는 신체의 일부 기능을 영원히 상실했다. 대장을 전부 제거했고, 항문도 없앴다. 그게 사는 길이라고 했다. 평생 대변 봉투를 옆구리에 차고 살아야 한다고 했다. 이런 이야기는 아무리 끔찍한 공포 영화에서도 본 적이 없다. 인간의 상상을 넘어서는 끔찍한 사건이 실제로 발생한 것이다.

성폭행이라는 소재는 자칫 선정적이고 자극적으로 보일 수가 있다. 적당한 거리를 두고 객관화하기 어려운 소재라는 뜻이다. 장애 아동 성폭행 문제를 전면적으로 다루고 있는 「도가니」(황동혁, 2011)도 영화의 완성도나 사회적 메시지를 뒤로 하고 우선 선정성 문제에 시달릴 수밖에 없었다. 아무리 발언의 당위성을 인정받는다 하더라도 주제의 정당성이 표현의 선정성마저 덮어버릴 수는 없기 때문이다.

그래서 조두순 사건이 영화화된다고 했을 때, 사실 기대보다 우려가 더 컸다. 나홍진 감독이 연쇄살인범 유영철 사건을 「추격자」(2008)로 만들어냈을 때, 끝끝내 구출되지 못한 여성 피해자를 스크린에서 목격해야 했던 관객의 무력함을 기억하고 있기 때문이다. 이미 일어난 사건은 영화적 시간을 되돌린다고 해서 원상태로 회복되지는 않는다.

이준익 감독의 「소원」(2013)은 민감한 소재, 실화를 각색한 영화이다. 영화 「소원」의 주인공 '소원'은 이렇게 말한다. "오늘 밤 잠이 들고 내일 눈을 뜨면 꼭 그 일이 있기 전의 옛날로 되돌아가 있을 것 같았다"라고 말이다. 한 번쯤 고통을 겪어본 사람이라면 이 말의 의미를 너무도 깊게 공감할 것이다. 사건이나 사고는 한순간에 한 사람의 인생을 완전히 다른 곳으로 끌고 가버린다. 한번 소실된 신체 기능은 되돌릴 수 없다. 한번 상처 입은 영혼에는 어둠이 깊게 자리 잡고 만다.

그렇다면, 이러한 일들은 영화에서 어떻게 다루어져야 할까? 그리고 왜 다뤄야 하는 것일까? 영화 「소원」은 폭력적 사건과 그 후에 어떤 입장을 취해야 할지 여러 가지를 생각하게 하는 작품이다.

피해자의 시간, 곧 미래

「소원」은 잘 알려져 있다시피 조두순 사건을 소재로 한 영화이다. 술에 취해 심신 미약 상태였다는 이유로 아이가 입은 영구적 상처에 비해 범인이 가벼운 형량을 받았다는 사실도 잘 알려져 있다. 법리적으로야 종결된 사건이지만 사람들의 마음속에는 절대 용서할 수 없는 사건으로 남아 있다. 시간이 흐르고 아이는 이제 중학생이 되었다. 시간은 범죄자에게도 피해자인 아이에게도 그리고 우리에게도 공평하게 지나가니 말이다.

사건 이후의 시간 동안 아이가 커 나가면서 자신이 겪은 일에 대해 조금씩 인지하지 않을까 두려웠다. 그 불편함과 공포에 대해 위로의 말 한마디 건넬 수 없다는 사실이 답답하기도 했다. 그러니 영화를 본다는 건 상당한 두려움이기도 했다. 그 고통이 몸서리치게 다가와서 선뜻 용기가 나지 않았다.

결론부터 말하자면, 「소원」은 과거가 아니라 미래를 이야기하는 영화이다. 여기서 과거란, 사건 당시의 난폭함에 대한 상기이다. 즉, 여느 영화와 달리 이 영화는 그 공포스러운 장면을 굳이 복기하지 않는다. 오히려 「소원」이 관심을 가지는 것은 상처를 극복하고, 삶을 견뎌내야만 하는 피해자 가족들의 현재 그리고 미래이다. 대개의 사람들이

가해자에게 내려진 부족한 형량에 분노하고 있는 동안 이준익 감독은 그 고통마저 감내하며 살아가는 피해자의 '삶'에 주목한 것이다.

피해자 '소원'의 가족은 특별한 사람들이 아니다. 그저 우리 주변 어디에서나 목격할 수 있는 평범한 사람에 더 가깝다. 아침에 일어나 출근 걱정을 하고, 좋아하는 야구 구단이 졌을 때 화를 내는 아주 평범한 가족들인 셈이다. 그러던 어느 날 비가 오고, 소원이는 비를 맞고 있는 아저씨에게 우산을 씌워준다. 소원이는 그게 '인간적'인 행위라고 믿었기 때문이다.

아이는 자신의 선행이 왜 그토록 독한 신체적 고통으로 돌아와야 하는지 이해하지 못한다. 그런데 세상은 아이의 상처보다는 사건의 선정성에 더 관심을 기울인다. 당장 병원비가 걱정이라 6인실에 입원했던 그들은 주변 사람들의 눈빛을 인지하기 시작한다. 그들에게 아직 이웃은 힘이 아니라 공포이다.

중요한 것은, 소원이에게 고통을 준 사람도 이웃이지만 그들에게 살아갈 힘을 주는 것도 이웃이라는 점이다. 소원이와 그들의 부모는 마치 자신이 죄라도 지은 듯 세상에서 숨어버리고자 한다. 하지만 그런 그들에게 따뜻한 손길을 내밀고 위로의 말을 건네는 것도 바로 이웃이다. 놀리고 손가락질하는 이웃이 아니라 깊이 공감하고 같이 아파해주는 이웃 말이다. 무조건적인 호의가 아니라 이전과 다름없이 세상을 살 수 있게끔 손을 내미는 것, 그것이 진짜 도움이라고 영화는 말해준다.

결국 소원이 가족은 동생 소망이를 얻고 그렇게 '내일'을 살아간다. 사고가 있은 후 조금 불편해진 일상이지만 그래도 삶은 지속된다. 왜 태어났을까 자문하던 소원이는 동생을 보며 "태어나길 참 잘했다"라고 말한다. 고통 속에서도 그렇게 아이는 자라난다. 그리고 삶은 지속되는 것이다.

현실에 대한 올바른 거리 감각

세상의 모든 것은 이분법으로 쉽게 나뉘지 않는다. 가령, 사고나 사건만 해도 그렇다. 법정에서야 피고석과 원고석이 나뉘지만 가해자와 피해자를 구분하는 건 어렵다. 한편으로 사고에 대해 우리는 미래 지향적 판단을 내리기 어렵다. 가혹한 성범죄를 일으킨 범인을 보면 누구나 격노한다. 법이 내린 형량이 우리의 심리적 기준에 훨씬 못 미칠 때 분노는 공분으로 확장된다.

하지만 그러면서 자꾸 잊는 게 있다. 그것은 바로 피해자 가족에겐 여전히 미래가 있다는 사실이다. 상처와 고통으로 얼룩진 과거가 있지만 그것 때문에 미래를 모두 저당 잡힐 수는 없는 일이다. 이준익 감독은 피해자의 입장에서, 다시 말해 사고 이후의 일들에 대해 이야기한다. 비록 아픈 상처를 겪었지만 그 고통을 어떻게 이겨내고 있는지 보여주려는 것이다.

중요한 것은 보여주는 것 자체가 아니라 바로 재현의 태도이다. 이준익 감독은 관객에게 강요하지 않는다. 다만 그들의 삶을 보여주고자 한다. 영화에서 가장 인상적인 부분은 가족들이 소원이를 위해 코코몽 쇼를 연출할 때이다. 얼핏 보면 숱한 최루성 드라마에서 보았던 판타지 같지만 여기엔 엄연히 현실이 자리 잡고 있다. 쇼를 마친 후 시간당, 인원당으로 계산기를 두드리는 장면이 그렇다. 쇼를 기획한 상담사를 쳐다보지만 상담사는 이마저 소원이 아빠(설경구)의 몫이라며 고개를 젓는다. 소원이 아빠는 카드 할부도 되느냐고 묻는다.

소원의 아빠는 남자라는 이유로 자신마저 멀리하는 딸에게 다가가기 위해 애쓴다. 그것은 단순히 아이에게 다가가기 위한 노력이 아니라 아이의 상처를 조금이라도 보듬어주려는 기성세대의 노력을 대변하는 듯하다. 아이가 다친 것은 전적으로 어른의 잘못이다. 아이에게 조금이라도 나은 미래를 선사하기 위해 노력해야 하는 것은 바로 어른들인 셈이다.

상처가 현실이라면 그것을 극복하는 것도 현실이다. 사고가 법의 테두리 안에 있다면 회복 역시도 현실의 셈법 안에서 이뤄진다. 그런데 이준익 감독은 여기서 한 걸음 더 나간다. 영화적 허구를 보여주면서도 낡은 인형이라도 무상으로 빌려주는 이웃의 공감을 놓치지 않는 것이다.

영화가 얻기 가장 힘든 미덕은 공감이다. 그런데 「소원」은 관객들로부터 깊은 공감을 얻어내는 데 성공했다. 억지로 눈물을 자극하지 않고, 함부로 남을 불쌍히 낮추는 교만한 눈물이 아니라 깊은 공감에서

빚어지는 눈물이다.

사건은 일어난다. 아무리 세월이 흐르고, 세상이 좋아진다고 해도, 참혹한 일들은 일어날 것이다. 정말 중요한 것은 분노가 아니라 이해와 공감이다. 피할 수 없는 고통에 직면한 이웃을 외면하지 않는 것, 그것 말이다.

생각해볼 문제

1. 실제 사건을 잔인하게 재구성하는 영화들은 어떤 점에서 의미가 있을까? 가령, 영화 「도가니」처럼 장애 아동 성폭행 문제를 영화화할 때, 어떤 점에서 사회적 의의가 있고, 어떤 점이 위험할지 토론해보자.

2. 실화를 소재로 한 영화는 실존 인물이 아직 생존 중일 때 더욱 조심히 다뤄져야만 한다. 피해자의 상처가 아물지 않았을 확률이 높고, 한편으로는 지켜야 할 비밀이 폭로되거나 왜곡될 수도 있기 때문이다. 영화의 윤리성과 관련지어 어떤 식의 접근이 바람직한지 생각해보자.

3. 전쟁, 폭력과 같은 소재를 영화화할 때 주로 여성이 피해자로 조명되는 경우가 많다. 여성 피해자들은 각각의 문화적 배경에 따라 그 피해 정도와 의미가 달라지기도 한다. 예를 들어, 무슬림 지역에서 여성은 여전히 명예살인의 대상이 되기도 하는데, 각 나라에 어떤 차별과 폭력이 있는지 살펴보고, 어떠한 영화적 질문으로 재구성되는지 살펴보자.

함께 보면 좋은 책

- 『도가니』(공지영)
- 『와일드』(셰릴 스트레이드)
- 『테스』(토머스 하디)

함께 보면 좋은 영화

- 「와즈다Wadjda」(하이파 알 만수르, 2012)
- 「그녀가 떠날 때Die Fremde」(페오 알라다그, 2010)
- 「그을린 사랑Incendies」(드니 빌뇌브, 2010)

모든 것의 기준이 되는 것 그것이 바로 제로 디그리(zero-degree), 즉 영−제도(zero-institute)이다. 영화가 인문학의 하나가 될 수 있는 이유는 영화가 다루고 있는 가장 기본적인 주제가 바로 인간의 삶, 그 자체이기 때문이다. 좋은 영화는 답보다 질문을 제시하는 영화이다. 해가 되는 작품일수록 손쉬운 대답과 달콤한 환상을 제공하곤 한다. 달콤한 사탕처럼 대중이 원하는 환상을 영화적 서사로 꾸며 넣는 것이다. 우리가 고전이라고 부르는 작품들을 보면 대부분 거짓 환상을 거부하고 아픈 현실을 직시한다. 영−제도가 되는 훌륭한 작품들은 단순히 그 현실을 보여주기만 하지만 잘 보여주는 것, 그것은 무척 소중한 가치이다. 이 관찰을 통해 우리가 삶을 어떻게 살아가고, 삶에서 경험하는 어려움을 어떻게 극복해나갈 수 있을지 선명한 암시와 지침을 얻을 수 있기 때문이다. 삶의 영도, 기본을 묻는 작품들은 영화 예술에서도 무척 중요한 가치를 간직하고 있다. 문학에 있어서 고전이란 무엇인가? 그것은 바로 삶의 희로애락과 난제들을 구체적 삶의 징후를 통해 깊이 있게 파고들어 간 작품을 의미한다. 영화도 마찬가지이다. 「3부 제로 인문학」에서는 삶에 질문을 던지고, 삶의 어려움을 풀어가는 데 도움이 되는 고전적 가치의 영화들을 통해 인문학의 의미와 본질을 생각해보고자 한다.

제로
인문학

영화는 학교,
영화가 안내하는
삶의 길들

월플라워
The Perks of Being a Wallflower
2012
감독
스티븐 크보스키
출연
엠마 왓슨
로건 레먼

1. 아프니까 성장이다

10대라는 아름다운 고통의 시기

성장통은 누구나 다 겪는다. 하지만 다 똑같은 양의 고통을 느끼는 것은 아니다. 성장의 고통도 사람마다 다르다. 때로 예민한 영혼에게 성장은 날카로운 흉기처럼 깊은 자상을 남기기도 한다. 특히, 타인과 공유할 수 없는 아픈 기억을 가진 청춘에게는 더욱 그렇다. 어린 시절

채 인식하지 못했던 어떤 상처를 자각하기 시작할 때, 그 자각이 자책 감이나 무력감과 만날 때 성장은 지옥이 된다. 다행히 그 지옥 역시도 터널이 끝나듯 언젠가 끝나겠지만 말이다.

많은 예술작품이 10대의 성장을 다룬다. 청소년기라고 말할 수 있는 10대 시절은 유아기와 결별하고 성인이 되기 전의 단계를 말한다. 유 아기란 부모와 함께 있는 것만으로도 행복을 느낄 수 있는 시기이다. 엄마가 곁에 있는 것만으로도 부족함이 없는 시기, 행복에 그다지 많 은 조건이 필요 없는 시기이다.

하지만 유아기를 벗어나 아동기에 접어드는 순간, 즉 가정을 벗어나 또 다른 사회에 진입하는 순간, 완전했던 세계에 하나둘 금이 가기 시 작한다. 고민과 갈등이 시작되는 것이다. 가령, 친구가 생기면서부터 친구들 간의 갈등이 생겨난다. 학업이 중요해지는 학창 시절이 되면 성적이라는 또 다른 복병을 만난다. 이런 문제들은 대학 입시를 앞둔 고등학생 시절이 되면 극심해진다.

열여섯 살이 넘게 되면 대략 신체적으로는 어른이 된다. 이성에 대 한 관심도 생긴다. 하지만 진학과 성적, 친구들과의 문제, 게다가 부모 님과의 문제까지 모든 게 다 예전 같지 않다. 스스로 해결할 일이 많아 지지만, 그렇다고 혼자서 모든 것을 처리할 수도 없다. 어른도, 아이도 아닌 애매한 나이. 그게 바로 10대 청소년기이다.

누구에게도 묻기 어려운 혼자만의 비밀이 있을 때, 이때 친구야말로 가장 큰 스승이자 위안이고 충고가 되어준다. 헤르만 헤세의 소설 『데

미안』에서처럼 말이다. 세상을 알아가는 단계인 싱클레어에게 세상살이에 대한 여러 질문과 해답을 주는 이는 선생님이나 부모가 아닌 친구 데미안이다. 늘 나보다 조금 더 알고, 늘 나에게 심오한 질문을 던져주는 그는 성장이라는 터널을 통과하는 동안 누구나 한번쯤 만나게 되는 귀한 멘토의 모습을 하고 있다. 그렇게 고민을 나누는 동안 어느 순간 훌쩍 자라 알을 깨고 또 다른 세상을 만나게 된다.

스티븐 크보스키의 영화 「월플라워The Perks of Being a Wallflower」(2012)도 그런 세계를 보여준다. 동명의 소설을 원작으로 한 이 영화는 예민한 영혼을 지닌 열여섯 살 소년의 성장통 극복기를 담고 있다. 눈여겨봐야 할 것은 이 작품이 위선적 성장이 아니라 소년의 고통을 진지하게 보여준다는 것이다. 어설프게 "시간이 다 해결해줄 거야"라는 식의 피상적 조언을 해주는 게 아니라, 얼마나 절절히 아팠는지를 솔직히 보여줌으로써 오히려 보는 이들에게 위안을 주는 것이다.

예민한 영혼과 성장의 터널

「월플라워」의 주인공 찰리는 예민한 아이다. 고등학교에 입학하는 순간, 찰리는 남은 1385일이 지옥이 되리라는 것을 눈치챈다. 찰스 디킨스도 모르는 또래들은 떼로 몰려다니며 그 연대감으로 청춘의 불안을 이겨내려 한다. 하지만 찰리에게 그런 것들은 전혀 위로가 되지 못한다. 그는 외딴섬처럼 자발적 고립을 선택한다.

그런 찰리 곁으로 두 아이가 다가온다. 패트릭과 샘, 마치 연인처럼 보이는 두 아이는 사실 이란성 쌍둥이이다. 그들은 '고독한 섬'이기를 선택한 아이들의 모임에 찰리를 초대한다. 그들은 컬트 영화 「록키 호러 픽쳐 쇼The Rocky Horror Picture Show」(짐 셔먼, 1975)에 광분하고 얼터너티브 록밴드 '더 스미스'의 음악과 재즈 디바 '빌리 할리데이'의 우울한 목소리를 사랑한다. 1990년대라는 원작의 시대적 배경을 염두에 두더라도 아이들의 취향은 제법 어른스럽고 고급스럽다. 게다가 이 아이들은 믹스테이프를 만들어 서로의 취향을 공유한다. 각자가 좋아하는 노래를 담은 믹스테이프는 말하자면 취향의 고백이고 소통의 방식이다.

세 아이들은 하나씩 어떤 상처와 결핍을 가지고 있다. 패트릭은 남다른 성적 정체성 문제로, 샘은 어린 시절 겪은 성적 학대로 인한 낮은 자존감으로, 그리고 주인공 찰리는 글로 풀어내야만 하는, 그러니까 말로는 설명할 수 없는 과거의 비밀로 고통받는다.

정확히 묘사되지는 않지만 아마도 찰리는 어린 시절 이모에게서 어떤 상처를 받았음이 분명하다. "우리끼리의 비밀"이라는 이모의 귓속말과 이모의 죽음은 찰리로 하여금 수치심과 죄책감 사이에서 방황하게 한다. 자신의 잘못이 아님에도 불구하고 그는 이모가 죽게 된 인과관계의 한 축에 자신이 놓여 있다고 여기는 것이다. 언어가 되지 못한 무의식 속 상처는 찰리를 자꾸만 쓰러지게 한다. 하지만 그는 마침내 이 이야기를 소설로 쓰리라 마음먹고 부모에게 그 상처를 털어놓는다. 이는 찰리가 아픈 기억에서 벗어나 성장으로의 첫발을 내딛는 데 성공했다는 의미이기도 하다.

영화에서 가장 아름다운 이미지는 샘과 찰리가 자동차 밖으로 몸을 내밀고 터널을 질주하는 장면이다. '젊음'이라는 찬란한 고통은 그것을 격렬하게 나누는 동료가 있기에 더 아름답다. 누군가는 10대의 삶을 되찾고 싶다지만 아마도 찰리와 같은 예민한 청춘에게 10대는 한 번뿐이기에 더 값진 고통일 것이다. 지금 그 고통을 통과 중인 누군가가 있다면 그 어떤 위선적 위안보다 더 큰 힘이 되어줄 작품이다.

고통, 하지만 누구나 겪는 아픔

영화 「월플라워」 속의 찰리는 자신처럼 예민한 친구들과 소통하면서 고독의 늪에 빠지지 않고 10대의 우울을 견뎌 나간다. 하지만 모든 10대들이 이렇듯 상처를 치유하고 극복해내는 것은 아니다.

1990년대 한국에 대단한 반향을 일으켰던 무라카미 하루키의 소설 『상실의 시대』에 등장하는 세 인물들, 와타나베, 나오코, 기즈키는 성장의 터널을 빠져나오는 데 성공하지 못한다. 자살한 기즈키에 대한 기억을 공유한 나오코와 와타나베에게 성장은 어두운 상처 그 자체이다. 이에 비해 「월플라워」의 아이들은 서로를 이끌며 깊은 상처와 우울의 늪에서 다함께 빠져나온다.

찰리가 아픔을 이겨낼 수 있었던 가장 큰 원동력은 바로 글을 쓰겠다는 의지와 희망이다. 찰리는 작가가 되겠다는 꿈을 가지고 있다. 샘과 패트릭은 찰리의 꿈을 과장되리만큼 격려하고 북돋워준다. 그들은 크리스마스 선물로 찰리에게 작가에게 어울릴 법한 양복과 타자기를 선물한다. 찰리는 아직 자신에겐 어울리지 않는 것들이라며 쑥스러워하지만 그들이 앞당겨 보여준 미래의 삶이 뿌듯하기도 하다.

중요한 것은 찰리가 샘과 패트릭에게 도움을 받는 것만이 아니라는 점이다. 패트릭이 성적 정체성 문제로 고민할 때 찰리는 조용히 들어줌으로써 큰 위안을 준다. 샘이 학업 문제로 고민하고 힘들어할 때 찰리는 공부를 도와준다. 즉, 세 아이들은 서로가 서로를 도우며 좀더 나은 방향의 미래를 향해 다가간다.

셋이서 함께 나누면서 고통은 줄고 성장의 터널은 점점 출구와 가까워진다. 그렇게 함께 나누는 이들이 있을 때 고통은 잊을 만한 것, 견딜 만한 것이 된다. 사람들은 쉽게 10대의 고통을 이해한다고 말하지만, 고통은 언제나 겪는 당사자들에게 가장 크게 느껴지는 법이다. 10대를 이미 지나와 버린 어른들의 충고는, 그런 점에서 언제나 좀 멀게 다가온다. 하지만 친구들의 조언은 다르다. 그들은 동료이기에 그 충고는 훨씬 더 강력한 힘이 되어준다.

모든 터널에는 끝이 있다

사실 성장의 고통은 10대 때만 겪는 것은 아니다. 성인이 된 이후에도 마음속 어린이는 여러 번 고개를 내민다. 다만, 어른이 되고 나면 고통을 호소하는 게 쉽지 않아질 뿐이다. 어른이란 곧 고통이나 혼란을 티 내지 않고 잘 견뎌내야 한다는 의미이기도 하기 때문이다. 그런 점에서 10대의 성장통은 드러낼 때 아름답고 찬란하다는 점에서 축복의 감정이기도 하다. 10대의 고통은 드러내도 아름답다. 하지만 스무 살이 넘고, 마흔이 넘어서의 고통은 드러내기 어렵기도 하거니와 아름답지도 않다.

그것은 10대의 고통이 사랑, 우정, 꿈과 같은 순수한 열망에서 비롯된 것이기 때문이다. 돈, 성공, 욕망과 같은 세속적 문제가 아니라 철저히 이상적인 문제로 고민할 수 있도록 유일하게 허락된 시간이 10대의 시간이기도 하다. 그러므로 10대는 더 많이 고민할수록 더 많은 성과를 돌려주는 시기이기도 하다.

영화 「월플라워」 속 인물들은 음악과 책, 연극을 탐닉하며 자신의 문제에 대한 해답을 찾는다. 무엇을 좋아하고 그 취향을 세련하는 것 역시도 성장의 고통을 다스리는 방법 중 하나이다.

성장의 고통은 피할수록 더 커진다. 고통을 느낄 수 있는 예민한 감수성은 사실 10대의 특권이다. 고통을 느끼되 그것에 지배당하지는 말 것. 「월플라워」는 그 사실을 일깨워준다.

생각해 볼 문제

1. 10대의 성장을 다루는 영화나 소설 중에는 방황이나 일탈을 그리는 작품도 많다. 영화 「월플라워」 속 주인공들은 독특한 방식의 일탈을 하는데, 가령 과거 유행했던 히피 음악을 듣거나 금지된 행위를 하는 것으로 표현되기도 했다. 호기심은 많지만 금지된 것이 많은 10대. 10대의 성장과 일탈은 어떤 연관이 있는 것일까?

2. 상처가 성장에 도움이 된다는 말을 많이 한다. 하지만 정말 상처가 성장에 필연적인 것일까? 고통 없는 성장은 없을까? 현재 자신에게 가장 고통스러운 고민이 무엇인지 써보자.

3. 성장에 대한 이야기는 대개 어른이 된 인물의 회고담 형태를 띠기도 한다. 혹독한 성장통을 겪고 있는 당사자인 10대의 목소리보다 그러한 혼란의 시기를 겪고 난 어른이 과거의 상처를 돌아보는 경우가 많다는 것이다. 성장과 시간의 흐름은 어떤 연관이 있는 것일까? 왜 시간이 지나면 격렬한 고민도 잠잠해지는 것일까? 과거에는 지독한 고민이었지만 해결된 문제를 객관적 입장에서 진술해보자.

함께 보면 좋은 책

- 『길버트 그레이프』(피터 헤지스)
- 『스탠 바이 미』(스티븐 킹)
- 『월플라워』(스티븐 크보스키)

함께 보면 좋은 영화

- 「69 식스티 나인69 Sixty Nine」(이상일, 2004)
- 「시네마 천국Cinema Paradiso」(주세페 토르나토레, 1988)
- 「개 같은 내 인생Mitt Liv Som Hund」(라세 할스트룀, 1985)

파파로티
2012
감독
윤종찬
출연
한석규
이제훈

2. 스승과 제자, 인간 대 인간의 만남

좋은 제자의 조건

『논어』의 「공야장」 편에 보면 다음과 같은 구절이 나온다.

　　낮잠을 자는 재여宰予를 보고 공자가 말씀하셨다.
　　"썩은 나무에는 조각할 수 없다.

더러운 흙으로 쌓은 담장은 흙손질을 할 수 없다.

너처럼 게으른 자를 무슨 말로 꾸짖겠느냐!"

공자는 계속해서 말씀하셨다.

"처음에 나는 사람을 판단할 때,

그 사람의 말만 듣고 행실을 믿었다.

그런데 이제 나는 사람을 판단할 때,

그 사람의 말을 듣고 행실까지 살피게 되었다.

재여宰予가 나를 바꿔놓았다."

재여는 공자가 끝내 제자로 인정하지 않은 제자이다. 모순어법이긴 하지만, 제자였지만 인정하지 않았다는 것은 재여가 여러 가지로 나쁜 제자의 면모를 지니고 있었다는 의미이기도 하다. 인용한 구절을 보자면, 재여가 우선 게을렀다는 것을 짐작할 수 있다. 그리고 말과 행실이 명실상부名實相符하지 못했다. 아마도 재여는 말이 앞섰던 사람이었나 보다. 그러니까 공자가 말한 나쁜 제자는 게으르고 말과 행실이 따로 노는 자이다.

재여는 공자에게 여러 번 그 달변을 칭찬받은 제자이다. 하지만 그 것이 그의 치명적 결함이기도 했다. 그는 부모의 상을 굳이 3년이나 치를 필요가 있느냐고 반문하며 3년 동안 음악과 학업을 모두 멈추고 식음마저 형편없는 것으로 바꾸는 바람에 오히려 모든 것이 도태되고 만다고 말한다. 이에 공자는 사람이 태어나 3년간은 부모의 절대적 도움을 입고 홀로 설 수 있는 법이라며, 부모가 죽고 난 지 1년 만에 아무렇지 않게 일상으로 돌아간다면 인간으로서 대화를 나눌 가치도 없다고 말한다. 달변이든 눌변이든 어쨌거나 사람됨이 가장 중요하며 사람으로서의 가치를 지키고자 노력하는 게 먼저라는 뜻일 테다.

그러니 공자가 말한 '썩은 나무'란 머리가 나쁘거나, 학습 능력이 뒤떨어지는 학생을 의미하는 게 아니다. '썩은 나무'는 인간성의 근본, 인성의 기본을 지칭한다. 좋은 제자란 똑똑하고 머리 좋은 자가 아니라 배울 준비가 되어 있는, 기본적인 품성을 갖춘 자라고 말할 수 있다. 영화 「파파로티」(윤종찬, 2012)에 등장하는 제자 장호(이제훈)도 그렇다. 그는 비록 현재 조직폭력배의 일원으로 살아가고 있지만 돌봐준 은혜를 아는 인간적인 녀석으로 등장한다. 근본을 보고 나무에 내려앉은 먼지를 털어내 아름다운 조각으로 만들어내는 존재, 영화 「파파로티」는 스승이란 바로 그런 존재라고 말한다. 제자의 재능을 알아보고, 그의 앞길을 위해 자신의 가장 소중한 것까지 내어줄 수 있는 그런 자 말이다.

좋은 스승의 조건

좋은 제자가 부지런하고 행동과 말이 일치하는 자라면, 좋은 스승은 그때그때의 위기를 모면하는 처세술이 아니라 세상의 근본이 무엇인지를 가르쳐주는 자이다. 공자가 말하듯 좋은 스승은 곧 아버지이다.

이는 학교와 가르침에 대한 근본적 질문과도 통한다. 과연, 학교 그리고 가르침이란 무엇일까?

주인공 장호는 부모 없이 할머니의 보호 아래 성장한 고아이다. 그에게는 인생의 지침을 알려줄 부모가 없다. 할머니가 돌아가시고 나자 정서적으로 기댈 사람도 없어진다. 그때 그의 곁에 조직폭력배 형님들이 다가온다. 걱정할 필요는 없다. 영화 「파파로티」에 등장하는 조직폭력배들은 사소한 이익을 위해 주변 사람들을 배신하는 협잡꾼들의 이미지와는 거리가 멀다. 오히려 그들은 장호에게 없는 가족들을 대신해 장호에게 아무도 알려주지 않던 세상을 알려주는 스승의 역할을 해낸다.

조직폭력배라고는 하지만 형님들이 보여주는 조직 세계는 최근 영화들과 다르게 의리와 신뢰로 똘똘 뭉쳐 있다. 창수 형은 가족이 없어 어디든 기대고 싶은 고아 장호를 거둬주고, 뒤늦게 꿈을 찾은 그를 묵직한 믿음으로 놓아준다. 소박한 마음으로 서로의 성공을 도와주는 조직폭력배의 모습엔 아주 먼 옛날 보았던 '건달'에 대한 향수도 녹아 있다. 영화는 이를 이렇게 표현한다. 장호의 진실한 선배 격인 창수가 "나에게는 꿈이 없다. 아직 미래를 개척할 수 있을 때, 꿈을 포기하지 말아라"라고 말하는 장면을 통해서 말이다. 영화 속 조직폭력배는 그동안 영화 속에서 보았던 나쁜 사람들이라기보다는 선택의 오류로 인생의 뒷길을 걷게 된 안쓰러운 형님들로 그려진다.

문제는 조직폭력배 선배들이 스승 역할을 한다 해도 그들이 가르쳐

줄 수 있는 게 세상에서 사소한 이익을 챙길 수 있는 잔기술에 불과하다는 것이다. 그러므로 조직폭력배들이 장호의 형님이 되어줄 수는 있지만 스승이 될 수는 없다.

한편, 장호의 스승으로 등장하는 음악 교사 상진(한석규)은 스스로 누군가를 가르칠 마음이 전혀 없는 인물로 등장한다. 한때 최고의 테너를 꿈꿨던 그는 성대 부상으로 인해 끝내 그 꿈을 접어야만 했다. 그래서 그는 음악을 자신을 배신하고 떠난 애인처럼 여긴다. 들춰보면 상처가 아리기 때문에 기억해내지 않으려는 것처럼 음악을 진지하게 생각하고 가르치는 일을 거부한다.

그런 점에서 「파파로티」는 장호는 장호대로 성악가로 성장하고, 상진은 상진대로 스승으로서 성장해가는 이야기라고 말할 수 있다. 즉, 영화 「파파로티」에는 두 가지 성장담이 담겨 있는 셈이다. 하나는 인생의 우회로에 들어섰던 장호가 다시금 제자리를 찾아가는 내용과, 이미 실패를 경험한 선생님이 자신의 승리가 아니라 제자의 승리를 위해 자기 길을 내주고, 턱시도를 선물하며 응원하는 것처럼 말이다. 대개의 젊은이들에겐 장호의 승리가 꿈이 되어줄 것이고, 한두 번쯤 꿈을 접고 실패를 경험한 어른들에겐 선생님 상진의 양보가 뭉클하게 다가올 것이다.

장호를 '썩은 나무'쯤으로 취급하던 상진은 점점 그의 마음속 깊은 곳의 선근善根을 발견하고 눈이 휘둥그레질 만한 음악적 재능도 함께 발견한다. 그리고 스승으로서 너무 늦지 않게 장호에게 가장 적합한 인생의 길을 안내해주려 한다. 「파파로티」가 말하는 좋은 선생님은 배를 태워 제자를 뭍까지 옮겨주는 자가 아니라 훌륭한 삶의 방식을 깨우치도록 안내하는 탐조등이라고 말할 수 있다. 어차피 배를 타고 뭍으로 가야 하는 것은 제자의 몫이다. 다만 스승은 자신이 이미 한 번 걸어본 그 길의 위험을 먼저 감지하고 잘 안내해줄 수 있을 뿐이다.

"밥벌이는 해야 하니 손은 말고, 내 발 가져가슈"라고 말하는 선생님, 한석규가 연기하는 상진은 우리가 '스승의 날' 표본으로 삼아도 될 법한 아름다운 스승의 모습을 보여준다. 제자의 재능을 발견하고 그 재능을 꽃피우기 위해 자신의 몸과 전 재산을 아까워하지 않는다. 곧 죽어도 지키려 했던 자존심까지 버리고 스승으로서 자신을 희생한다.

인간 대 인간의 만남, 훈훈한 판타지의 힘

수많은 영화들이 스승과 제자의 이야기를 다룬다. 2011년에 개봉했던 「완득이」(이한, 2011)도 그중 하나이다. 외국인 어머니와 몸이 불편한 아버지 사이에서 태어난 쌈짱 완득이는 수상한 담임선생님과의 교류를 통해 삶을 살아갈 힘과 지혜를 얻는다. 고전 음악을 소재로 삼았다는 점에서 「파파로티」와 매우 유사한 「홀랜드 오퍼스 Mr. Holland's Opus」(스티븐 헤렉, 1995)나 「꽃피는 봄이 오면」(류장하, 2004)에서도 선생님은 자신이 꿈꿨던 성취나 성공을 내려놓고 제자들의 영혼에 씨앗을 뿌리는 것으로 새로운 만족을 얻는 자들로 그려진다. 말하자면 선생님은 아이들에게 길을 찾아주는 안내자이기도 하지만, 선생이라는 말뜻 그대로 우리보다 먼저 그 길을 가본, 경험 많은 선배이기도 하다.

「파파로티」속의 선생님은 우리가 「죽은 시인의 사회Dead Poets Society」 (피터 위어, 1989)나 「킹콩을 들다」(박건용, 2009), 「굿 윌 헌팅Good Will Hunting」(구스 반 산트, 1997)에서 보았던 훌륭한 발견자이자 조력자이다. 물론 세상엔 좋은 사람만 있는 건 아니다. 하지만 그렇다고 영 좋은 사람이 없는 것도 아니다. 영화 속 세상은, 그럼에도 불구하고 극단적 세계일 경우가 많다.

갱스터 영화나 느와르 영화를 보면 나쁜 사람들만 잔뜩 등장하곤 한다. 그런가 하면 「7번방의 선물」(이환경, 2012)처럼 모두가 다 선의를 지닌 사람들이 등장할 때도 있다. 말이 안 된다 싶으면서도 그런 영화를 보면 마음이 훈훈해진다. 사실 현실에 그런 아름다운 일은 드물다. 하지만 사람을 못 믿고 산다는 것, 세상이 험악하기 때문에 늘 긴장하고 살아야 한다는 것은 여간 피곤한 일이 아니다. 그래서 간혹은 영화에서만큼은 좋은 사람, 여전히 아름다운 세상을 보고 싶어진다. 영화 「파파로티」도 그런 세상을 그리고 있다.

영화는 선생님과 장호의 불편한 만남에서 시작해 아름다운 사제관계로 끝맺음된다. 사실, 이런 이야기는 뻔하다. 성격 차이가 나는 두 남녀가 티격태격하다 연인이 되는 것처럼 선생과 제자 역시도 서로를 멀리하고 싫어하다가 존중하고 사랑하는 관계로 거듭난다. 이처럼 「파파로티」는 로맨틱 코미디의 설정을 사제관계로 옮겨 놨다고 보아도 무방하다.

뻔한 이야기지만 사람들은 이 따뜻한 이야기에서 현실에 없는 위안을 찾는다. 이 위안은 노래, 성악이라는 소재로 더 풍요로워진다. 휴대전화 판매원에서 오페라 가수가 된 폴 포츠가 불러 유명해진 「네순 도르마」나 「별은 빛나건만」과 같은 대중적인 아리아들은 관객의 감성을 여유롭게 이끈다. 장호의 빼어난 목소리는 드라마틱한 노래로 관객에게 전달된다. 열 마디 대사, 열 번의 행동보다 장호의 노래가 감염력이 높다.

스승은 제자를 위해 자신을 희생하고, 제자는 꿈을 이루기 위해 스승의 가르침에 묵묵히 따르는 풍경. 사실 이런 풍경은 우리가 뉴스에서 보던 험악한 분위기의 학교와는 다르다. 「파파로티」에는 폭언과 폭행을 일삼는 교사도, 주요 과목이 아니라고 수업시간에 대놓고 잠을 자는 학생도 없다. 우리가 꿈꾸는 아름다운 교실, 아름다운 사제관계가 「파파로티」 안에 있다. 사실, 이 관계야말로 인간이 맺을 수 있는 가장 이상적이며 아름다운 관계일지도 모르겠다.

생각해볼 문제

1. 아름답고 이상적인 사제관계란 무엇일까? 공자의 전언을 비롯해 고전 명작 속 사제관계의 면면을 찾아 각자 정의 내려보자.

2. 예술에 있어서 재능은 필수적인 것일까? 영화 속 장호는 재능이 있기 때문에 뒤늦게라도 성악가로 성공하게 된다. 그렇다면 재능이 없는 경우는 어떨까? 텔레비전 오디션 프로그램에 출연하는 도전자들도 마찬가지다. 때로 계속 도전하지만 시청자의 입장에서 볼 때도 재능이 부족해 보이는 경우가 있다. 그렇다고 해도 계속 그 꿈을 향해 나아가야 하는 걸까? 예술과 재능에 대해 토론해보자.

3. 스승이란 무엇일까? 과연 학교에서 지식을 전달해주는 사람이 스승일까? 스승의 의미에 대해 각자 자기 나름의 주관을 논리적으로 표현하고 정의해보자.

함께 보면 좋은 책

- 「광기의 역사」(공지영)
- 『금시조』(이문열)
- 「우상의 눈물」(전상국)

함께 보면 좋은 영화

- 「꽃피는 봄이 오면」(류장하, 2004)
- 「선생 김봉두」(장규성, 2003)
- 「홀랜드 오퍼스Mr. Holland's Opus」(스티븐 헤렉, 1995)

메이즈 러너
The Maze Runner
2014
감독
웨스 볼
출연
딜런 오브라이언
카야 스코델라리오

3. "닥치고, 달려!"
누구를 위한 경쟁인가?

『파리대왕』의 부활

윌리엄 골딩의 1954년 작 『파리대왕』은 인간의 본성 깊숙한 모순을
드러낸 작품이다. 비행기 사고로 외딴섬에 고립된 아이들은 이상적 해
결보다는 엄포와 소문에 휩쓸린다. 나약해진 인간은 비열한 폭력으로
두려움을 모면하고자 한다. 1, 2차 세계대전을 겪었던 지성인들에게

골딩의 『파리대왕』은 그 당시의 자화상이었다.

반세기가 지나 『파리대왕』이 다시 언급되고 있다. 북미권에서 인기를 얻고 있는 『헝거 게임』『다이버전트』와 같은 베스트셀러들 때문이다. 주요 등장인물들이 10대라는 점도 흥미롭다. 독자층 역시 10대들이 대부분인데, 『해리포터』와 함께 유소년기를 보낸 10대들이 다음 읽을 거리로 선택한 것으로 분석된다. 『해리포터』 시리즈처럼 이 소설들 역시 10대들에게 얻은 인기를 토대로 속속 영화화되고 있다.

눈길을 끄는 것은 이러한 류의 소설을 원작으로 하는 영화들이 하나같이 생존 서사를 바탕으로 하고 있다는 점이다. 『파리대왕』이 환기되는 이유도 여기에 있다. 10대가 주인공인 베스트셀러들은 하나같이 고립과 생존을 주요 모티브로 삼고 있다. 「메이즈 러너The Maze Runner」(웨스 볼, 2014)도 그렇다.

출구 없는 미로, 가혹한 생존 게임

영화의 시작은 당황스럽다. 갑자기 한 소년이 낯선 공간에 던져지는데서 시작하니 말이다. 왜, 누가 보내고, 어떻게 오게 되었는지는 모른채, 소년들이 한 달에 한 명씩 엘리베이터 속 상자에 갇혀 '배달'된다. 자신의 이름 외에 아무것도 기억하지 못하는 소년들은 자신들의 주거지를 '글레이드'라고 부르며 살아간다. 글레이드의 외부는 미로로 둘러싸여 있다. 정해진 시간에 문이 열리면 러너들이 미로를 탐색하고 돌아온다. 탐색은 한다지만, 사실상 탈출은 포기한 지 오래다. 미로에는 '그리버'라고 불리는 괴물이 살고 있기 때문이다. 새로운 소년 토머스가 규칙을 어기고, 출구를 찾기 시작하면서 이야기는 시작된다. 말하자면, 「메이즈 러너」는 출구를 찾는 모험담이라고 할 수 있다.

가장 눈길을 끄는 것은 미로이다. 영화 곳곳에 암시되어 있듯이 미로는 누군가에 의해 만들어진 인공물이다. 그런데 인공물이라고 하기에 미로는 지나치게 비윤리적이고 난폭하다. 미로 바깥을 어슬렁거리는 그리버는 소년들의 생존 학습용 도구라고 치부하기엔 너무 잔인하다. 소년들은 바깥 세계를 탐구하다가 실패하면 벌점을 받는 게 아니라 목숨을 잃는다. 학습의 성취가 생존이고 징벌이 곧 죽음이다. 학습이 시행착오를 기반으로 하는 실패의 반복이라지만, 여기에서 실패는 학습의 과정이 아니라 죽음이다. 실패하면 목숨을 뺏긴다. 아이들은 이유도 모른 채, 목숨을 걸고 탈출을 감행해야 한다.

주목할 점은 이러한 무차별적인 생존 학습 서사에 10대 청소년 독자, 관객들이 공감하고 있다는 사실이다. 『헝거 게임』이나 『다이버전트』도 생존 게임 서사라는 점에서 거의 다를 바 없다. 어른들은 잔혹한 게임 공간을 만들어내고 아이들은 목숨을 건 채 그곳을 헤쳐나가야 한다. 그런데 아무도 게임에 의심을 품지 않는다. 아이들이 죽어 나가는데도 그것은 단순히 개인적 불행일 뿐이다.

아이들은 이유도 모른 채 극심한 생존 경쟁에 던져지고, 적자만이 그들의 동료가 되고, 최종 생존자는 영웅으로 대접받는다. 이 무시무

시한 허구적 세계의 개연성에 10대 독자와 관객들은 오히려 환호한다. 회를 거듭할수록 게임은 더욱 잔인해지고 목숨은 더 쉽게 달아난다. 일단 살아남는 게 우선이기에 주인공들의 머릿속엔 왜 이런 생존 게임을 해야 하는가라는 질문이 끼어들 틈이 없다. 관객들 역시 마찬가지이다. 누가 끝까지 살아남는가, 그것이 우선적 질문이기 때문이다.

현실이 곧 미로인 10대의 삶

아이들을 폐쇄된 공간에 던져놓고 무조건 살아남는 게 성취라고 말하는 영화 속 공간은 안타깝게도 우리의 정서에 낯설지 않다. 입시와 취업의 패러다임 속에서 살인적 스펙 쌓기에 시달리는 우리의 현실과 크게 다르지 않은 것이다. 그런데 더 안타까운 것은 우리 역시 왜 이런 생존 게임에 목매야 하는지 묻지 못한다는 것이다.

푸코 식으로 말하자면 에피스테메episteme° 자체를 묻지도 못한 채 무조건 좋은 대학에 들어가고, 무조건 대기업에 취업해야만 한다. '왜'라고 묻고, '어떻게'라며 머뭇거리는 순간 그리버가 다가와 목숨을 빼앗을지 모른다.

빼앗는다는 사실보다 그럴 수 있다는 가능성이 더욱 큰 공포가 된다. 미로가 학습 공간이라면 다시 리셋해서 시도하면 되지만, 생존 여부가 나눠

> **에피스테메**
> 특정한 시대를 지배하는 인식의 무의식적 체계. 푸코가 그의 저작 『말과 사물』에서 본격적으로 사용한 용어로 사물에 질서를 부여하는 무의식적 기초를 의미한다.

는 전장이라면 리셋은 없다. 한 번 실패하면 기회는 없다. 생존하기 위해선, 경주마처럼 옆눈을 가리고 출구를 향해 뛰어야 한다. 왜 뛰어야 하는지, 무엇이 나를 채찍질하는지 물을 겨를도 없다. 공포는 맹목적 질주의 연료가 된다.

영화 「메이즈 러너」에서 미로를 만든 음모자들은 이렇게 속삭인다. "우리는 옳은 일을 하고 있는 거야." 주술처럼 반복되는 이 이야기는 오히려 거꾸로 들어야 맞는 것으로 보인다. "옳은 일이라고 강조해야 할 만큼, 사실 이 일은 옳지 않아"라고 말이다. 훌륭한 대의명분이란 역설적 고백에 불과하다.

적어도 20세기의 파리대왕은 우연한 사고 가운데서 발견된 '악'이었다. 하지만 21세기의 파리대왕은 누군가 만들어놓은 미로 안에 던져진 아이들 가운데서 발명된다. 누가 만든 미로이고, 누가 미로 속에 아이들을 밀어넣고, 누가 과연 그 혜택을 누릴까? 질문이 절실한 때이다.

생각해볼 문제

1. 10대가 주인공인 판타지 소설인 '영어덜트 소설'은 생존 문법 즉 서바이벌 게임의 서사를 차용하는 경우가 많다. 간혹 목숨을 건 게임을 하는데, 과연 이런 설정에 문제는 없을까? 왜 10대들이 이런 가혹한 생존 서사에 오히려 공감을 느끼는지 이야기해보자.

2. 미로는 문학적 비유로 종종 사용된다. 보르헤스의 소설 여러 편에도 미로가 등장하고 신화에도 미로가 등장하기도 한다. 미로란 어떤 상징성을 가지고 있는지 조사해보고, 그 의미를 비교해보자.

3. 「메이즈 러너」는 판타지 장르물이다. 현실에 없는 가상공간을 허구적으로 상상해내고 또 그려내는 과정이 주는 매혹은 무엇일까? 이런 판타지 장르물이 주는 매력은 무엇일지 서술해보자.

함께 보면 좋은 책

- 『잘못은 우리 별에 있어』(존 그린)
- 『트와일라잇』·『뉴문』·『이클립스』·『브레이킹 던』·『브리태너』(스테퍼니 마이어)
- 『헝거 게임』·『캣칭 파이어』·『모킹제이』(수잰 콜린스)

함께 보면 좋은 영화

- 「헝거게임: 판엠의 불꽃 The Hunger Games」(게리 로스, 2012)
- 「반지의 제왕: 반지 원정대 The Lord of the Rings: The Fellowship of the Ring」(피터 잭슨, 2001), 「반지의 제왕: 두 개의 탑 The Lord of the Rings: The Two Towers」(피터 잭슨, 2002), 「반지의 제왕: 왕의 귀환 The Lord of the Rings: The Return of the King」(피터 잭슨, 2003)
- 「배틀로얄 バトル ロワイアル」(후카사쿠 긴지, 2000)

안나 카레니나
Anna Karenina
2012
감독
조 라이트
출연
키이라 나이틀리
주드 로

4. 19세기 러시아판 사랑과 전쟁?

『안나 카레니나』는 왜 고전일까?

『안나 카레니나』는 톨스토이의 역작이다. 톨스토이 스스로가 이 작품을 쓰기 전 "나는 장편소설을 쓰겠다"고 공언했다. 당시 톨스토이는 이미 분량으로 보면 당연히 장편소설로 분류될 『전쟁과 평화』를 발표한 상태였다. 하지만 그는 이 작품을 두고도 『안나 카레니나』야말로 진정한 장편소설이라고 불렀다. 그렇다면 톨스토이가 생각한 '진정한 장편소설'이란 무엇이었을까?

『안나 카레니나』는 남편과 아들이 있는 유부녀가 바람을 피우다가 자살한 이야기이다. 빗대 말하자면 TV 드라마 「사랑과 전쟁」에 나올 법한 이야기가 고전이자 명작의 대명사로 알려져 있는 것이다. 게다가 톨스토이는 불륜을 저지르다 자살한 여자의 이야기를 두고 자신의 최고의 작품이라고까지 말하고 있다. 과연, 이 불륜소설 속에 어떤 내용이 담겨 있는 것일까?

소설의 제목은 『안나 카레니나』지만 소설을 읽다보면 안나는 한참 후에나 얼굴을 내민다. 소설 전반부를 차지하는 것은 안나의 오빠 부부 그리고 결혼 적령기가 된 키티의 이야기이다. 안나의 오빠는 바람을 피우다 들켜 아내와 사이가 좋지 않다. 결혼 적령기인 키티는 여러 남자들에게 청혼을 받는 중이다. 『안나 카레니나』의 모든 인물들이 결부된 사건을 하나로 요약하자면 그것은 바로 '결혼'이다. 안나 오빠의 바람, 키티의 약혼, 유부녀인 안나의 불륜. 그러니까 『안나 카레니나』는 19세기 러시아의 결혼과 가정을 다루고 있는 셈이다.

그렇다면 왜 결혼일까? 톨스토이는 결혼에 있어 무엇이 가장 소중한 덕목인가를 거듭 질문한다. 이 소설의 첫 줄이 "행복한 가정은 서로 닮았지만, 불행한 가정은 모두 저마다의 이유로 불행하다"로 시작하는 이유도 여기에 있다. 행복은 다양한 조건의 충족이 아니라 소박한 만족에서 비롯된다. 행복한 가정과 불행한 가정 역시 결혼의 두 양상이라고 할 수 있다. 소박한 데서 행복을 찾는 가정, 복잡한 욕망으로 불행한 가정, 톨스토이는 이 두 가정의 모습을 보여줌으로써 인간의 삶에 있어 행복이란 무엇인가에 대한 답을 얻고자 했던 것이다.

장대한 분량의 『전쟁과 평화』를 두고 장편소설이 아니라고 제쳐두고 군이 『안나 카레니나』를 장편이라 불렀다는 데엔 어떤 암시가 있다. 단순히 분량으로 정해지는 것은 아니라는 뜻이다. 톨스토이가 말한 장편은 인생의 진면목에 대한 끈질긴 탐구 여부로 나누어지는 셈이다.

영화가 담지 못한 원작의 품

『안나 카레니나』는 지금까지 영화로만 여덟 번 제작되었다. 첫번째 영화인 1935년 작엔 전설의 여배우 그레타 가르보가 안나 카레니나 역할을 맡았다. 그녀는 자신의 사랑을 위해 두려움 없이 돌진하는 정염의 여인을 연기했다. 1948년 작 「안나 카레니나Tolstoy's Anna Karenina」(줄리앙 뒤비비에르)에선 「바람과 함께 사라지다Gone with the Wind」(빅터 플레밍, 1939)로 유명한 영국 여배우 비비안 리가 여주인공인 안나 카레니나 역을 맡았다. 비비안 리는 「바람과 함께 사라지다」와는 전혀 다른 여성적 느낌으로 안나를 예민하고 섬세하게 묘사했다. 그녀는 고전적 외모에 부서질 듯 가녀린 눈빛으로 부와 명예를 지닌 카레닌의 아내 안나를 훌륭히 재현해냈다.

최근작 중 안나 카레니나 역으로 가장 호평을 받은 배우는 소피 마르소였다. 1997년 버나드 로즈 감독의 작품에서 소피 마르소는 지금까지 안나 역을 맡은 배우들과 달리 유약하면서도 풍만한 모성적 이미지를 보여주는 데 성공했다. 그리고 2013년 안나 카레니나는 「오만과 편견Pride & Prejudice」(조 라이트, 2005), 「어톤먼트Atonement」(조 라이트, 2007) 등으로 알려진 영국 여배우 키이라 나이틀리가 맡았다.

'안나 카레니나'라는 주인공의 이름이 곧 제목인 이유는 그녀의 삶이 톨스토이가 표현하고자 했던 주제를 함축하고 있다는 의미이기도 하다. 즉, '안나'는 소설과 영화 「안나 카레니나」의 시작이자 끝이다. 톨스토이가 장편이라고 구분한 소설 공간은 한 인물의 비극을 통해 그가 살았던 시대의 모순을 보여줄 수 있는 곳이다. 도덕적으로 보자면 안나는 바람을 피운 여인이지만 그녀를 죽음으로까지 몰고 가는 사회를 입체적으로 보여줌으로써 톨스토이는 사랑이라는 개인적 사건을 사회적인 문제로 확장시켰다.

어떤 점에서 안나의 잘못은 단 하나, 너무 늦게 진짜 사랑하는 남자를 만났다는 점이다. 안나는 아이 엄마이긴 하지만 브론스키라는 젊고 잘생긴 장교를 만날 때 겨우 20대 중반에 불과하다. 결국 안나는 거의 10대 후반에 결혼을 한 셈이다. 그녀의 결혼은 낭만적 사랑의 결과라기보다 일종의 계약 같은 것이었다. 19세기에 그런 결혼은 이상한 게 아니라 당연한 것이었다. 19세기 러시아 상류층은 남자의 불륜엔 관대했지만 여성의 스캔들에는 엄격했다. 그 엄격함은 이혼을 허락하지 않는다는 데서도 알 수 있다. 안나 카레니나는 브론스키를 너무 사랑한 나머지 안락한 가정마저 벗어나고자 했다. 그녀는 불륜을 즐긴 게 아니라 그저 너무 늦게 진짜 사랑하는 남자를 만났다고도 볼 수 있다. 그 정열이 그녀를 죽음으로 이끌고 간 셈이다.

사실, 톨스토이가 추구하는 이상적인 삶은 레빈과 키티가 보여주는 목가적 삶이다. 그들은 농사를 짓고 그 결실을 얻어가며 소박하고 아름다운 가정을 꾸려나간다. 이는 한편 정열적 사랑이 인간의 행복엔 큰 역할을 하지 못한다는 가르침이기도 하다. 즉, 『안나 카레니나』는 부정을 저지르는 한 유부녀에 대한 이야기가 아니라 그녀를 통해 진짜 행복한 가정에 대한 톨스토이만의 대답과도 같은 소설이다.

하지만 안타깝게도 번역본으로 무려 1500쪽에 달하는 이 장대한 이야기는 영화화되면서 상당 부분 스캔들로 바뀐다. 톨스토이가 소박한 삶으로 보여주고자 했던 레빈과 키티는 불필요한 이야기로 치부되거나 작게 다뤄지기 십상이다. 제각각의 불행 속 안나의 삶이 왜 그렇게 될 수밖에 없었는지, 그 부분까지 영화로 그려내기가 쉽지 않다는 뜻이다.

「안나 카레니나」는 10여 차례 드라마와 영화로 각색되었다. 하지만 이 역작의 캐릭터는 배우들에게 그 속내를 호락호락 내주지 않는 듯싶다. '안나'로 분한 여배우들에게 내려진 세상의 평가는 그다지 후하지 못했다. 이는 2013년에 새롭게 안나를 맡게 된 키이라 나이틀리에게도 적용되는 듯싶다. 러시아 여인으로 보기에 키이라 나이틀리는 지나치게 영국적이고, 세로쟈의 자애로운 어머니라 하기에도 뾰족하고 날카로운 인상이 강하다.

이는 비단 키이라 나이틀리 탓만은 아닐 것이다. 조 라이트 감독은 제인 오스틴의 소설을 영화화하는 데 탁월한 솜씨를 발휘해왔다. 「오만과 편견」이 대표적이다. 제인 오스틴 소설의 핵심은 세속성이라고 할 수 있다. 『안나 카레니나』 역시 세속성을 다루고 있다. 하지만 19세기 영국의 세속성과 20세기 초반 제정러시아의 세속성은 완전히 다르다. 안타깝게도 영화 「안나 카레니나」에서는 원작이 담고 있는 삶의 아이러니가 충분히 표현되지는 못했다.

명작의 힘, 다시 보고 새로 읽기

안나는 왜 기차에 몸을 던져야 했을까? 그리고 톨스토이는 자신이 말하고픈 이야기를 전달하기 위해 왜 부유하고 명예롭던 한 여인의 추락을 선택했을까? 바람난 유부녀에 대한 인과응보식 이야기처럼 보이지만 『안나 카레니나』에는 우리가 살아가면서 경험하는 오욕칠정의 모든 것이 담겨 있다. 이 작품 안에서는 성인군자도 질투를 하고 요조숙녀도 욕망에 시달린다. 사실, 그건 인생의 본질이기도 하다. 질투하지 않는 성인군자, 욕망이 없는 요조숙녀가 어디 있을까? 정숙한 아내였던 안나는 불륜에 빠지기도 하고, 도덕적 인물이었던 레빈도 상대의 실패에 만족을 느끼기도 한다. 세상 사람들 모두에겐 이런 망나니 같은 감정들이 있다.

19세기 러시아의 사교계에서 위선과 체면에 억눌린 21세기 한국의 그림자가 보인다는 것, 그런 점에서 이미 「안나 카레니나」는 시대를 초월한 이야기임에 분명하다. 안나가 사는 세상은 위선이 품위와 얽혀 있고 사랑이 연기와 연루된 공간이다. 영화 속 「안나 카레니나」의 무도회는 사교계라고 부르는 게 더 옳다. 「안나 카레니나」 속 사교계에는 진짜 에로스가 비집고 들어갈 틈이 없다.

「안나 카레니나」는 결국 한 여성의 선택에 관한 작품이다. 안나는 남편을 버리고 브론스키를 선택했고, 명예보다는 열정을 선택했다. 이상적 세계는 그것이 옳다고 말하지만 일상적 세계에서 그것은 패륜이고 치정이다. 톨스토이는 안나라는 부정한 여자를 단죄하고자 했지만, 안나는 단순히 미워하기에는 매우 복합적인 인간이다. 멀리서 보면 치정극이자 스캔들이지만 가까이에서 보면 인간이 지닌 결함이다. 문학은 그러한 결함 속에서 숭고한 삶의 원리를 찾아내는 작업이다. 이것이 선정적인 스캔들 기사와 문학이 다른 이유이기도 하다.

생각해볼 문제

1. 안나 카레니나는 부정을 저지른 유부녀이다. 그런데 그런 여성의 이야기를 다룬 소설 『안나 카레니나』는 꼭 읽어야 할 고전으로 손꼽힌다. 왜 그럴까? 부정한 여인이 고전 명작의 주인공이 되어도 될까?

2. 안나 카레니나를 통해 당시 러시아 귀족 사회의 속성을 짐작해보자. 영화와 소설 속 구체적 장면을 예시로 찾아보자.

3. 소설과 영화에서 가장 이상적으로 묘사되는 인물은 '레빈'이다. 레빈은 청렴하며 한 여자만을 사랑한다. 한편 귀족이지만 직접 농사를 짓는, 노동의 삶을 추구한다. 각자 수많은 등장인물 중 가장 공감할 수 있는 인물은 누구였는지 그리고 왜 공감할 수 있었는지에 대해 토의해보자.

함께 보면 좋은 책

- 『마담 보바리』(귀스타브 플로베르)
- 『벚꽃 동산』(안톤 체호프)
- 『이름 없는 주드』(토머스 하디)

함께 보면 좋은 영화

- 「사랑보다 아름다운 유혹Cruel Intentions」(로저 컴블, 1999)
- 「마담 보봐리Madame Bovary」(클로드 샤브롤, 1991)
- 「닥터 지바고Doctor Zhivago」(데이비드 린, 1965)

위대한 개츠비
The Great Gatsby
2013
감독
바즈 루어만
출연
리어나도 디캐프리오
캐리 멀리건

5. 사랑에 속고 돈에 울어도, 그는 위대했다!

「위대한 개츠비」의 상징성

최근 할리우드 영화의 경향 중 하나는 바로 고전의 재해석이다. 2012년 개봉해 세계적으로 열풍을 일으켰던 송스루 뮤지컬 형식(대사까지 노래로 처리된 뮤지컬 형식)의 「레미제라블Les Miserable」(톰 후퍼)이 그 대표적 예이다. 고전의 재해석은 지금도 진행 중이다. 2013년 아카데미상에 노미네이트된 「안나 카레니나Anna Karenina」(조 라이트, 2012) 역시 19세기 러시아 대문호 톨스토이의 동명 소설을 원작으로 삼고 있다. 그해 가장 주목받고 기대받은 영화 중 하나도 고전이라 불리는 문학작품을 원작으로 삼은 작품이었다. 바로 「위대한 개츠비The Great Gatsby」(바즈 루어만, 2013)이다.

바즈 루어만 감독이 새롭게 리메이크한 「위대한 개츠비」에 대한 기대감은 이 작품이 2013년 칸 영화제 개막작으로 선정되었다는 데서도 알 수 있다. 2012년 크리스마스 무렵을 첫번째 개봉 예정일로 잡았지만 감독은 섬세한 마무리 작업을 이유로 개봉을 늦춰왔다. 급기야 2013년 칸에서 월드 프리미어 시사(세계 최초 상영) 형태로 이 영화를 선보이게 되었다.

1920년대를 대표하는 미국 작가 F. 스콧 피츠제럴드의 대표작 『위대한 개츠비』는 이미 두 번 영화화된 바 있다. 우리가 기억하는 작품은 1974년 로버트 레드퍼드가 개츠비로 출연한 그 작품이다. 금발의 로버트 레드퍼드는 화려한 파티를 열며 자신에게 열패감을 안겨주었던 여인 데이지의 집을 바라본다. 로버트 레드퍼드의 우수 어린 눈빛과 우아한 자태가 그가 사랑했던 여인 데이지보다 훨씬 더 아름답게 기억되는 작품이기도 하다.

『위대한 개츠비』는 문학에 있어서 어떤 '상징'이다. 무라카미 하루키의 소설 여러 편에도 『위대한 개츠비』는 중요한 참조 사항으로 등장한다. 『상실의 시대』에 등장하는 인물인 '돌격대'가 언제나 위대하다고 말했던 소설이기도 하고, 하루키의 다른 소설 여러 편에도 등장해 그의 소설적 세계관을 대변해주기도 했다.

『위대한 개츠비』는 국내에 번역된 판본만 해도 20여 종에 넘는다. 시대를 거듭해 세대를 넘나들며 계속해서 번역되고, 읽히고, 각색되는 작품. 그런 의미에서 『위대한 개츠비』는 고전임에 분명하다. 『위대한 개츠비』는 어떻게 오랫동안 사랑받는 이야기가 될 수 있었을까?

재즈 에이지, 그리고 1920년대 미국 사회

개츠비가 살았던 1920년대 미국 동부 사회는 급속한 경제성장과 신흥 부자들의 탄생으로 흥청망청대던 공간이었다. 1920년대 미국 경제의 급성장에는 1차 세계대전의 영향이 자리 잡고 있다. 1차 세계대전의 전흔으로 초토화되었던 유럽과 달리 미국은 독점적 성장을 즐기고 있었다. 소설 속에 등장하는 구절처럼 "캐나다까지 뻗어 있는 지하 파이프"라는 낭설이 돌 정도로 불법적인 경제활동이 횡행했지만 이로 인해 미국 경제는 거품이 일 듯 급성장했다.

문제는 경제적 성장만큼 도덕이나 윤리 의식이 함께 커가진 못했다는 점이다. 갑작스러운 부는 욕망을 더욱 부추기고 욕망에 눈이 먼 사람들은 윤리나 도덕 따위는 잊기 십상이다. "캐나다까지 뻗어 있는 지하 파이프"라는 말은 사실 밀주의 고리를 의미한다. 밀주는 곧 갱단의 성장을 의미했고 이는 조직범죄의 확산으로 이어졌다. 도박과 술이 넘쳐나는 경제 부흥의 공간은 사치와 향락으로 채워졌다. 이 시대는 '재즈 에이지'로 명명된다. 1차 세계대전 후부터 1929년 세계 대공황이 닥치기 전까지 향락과 사치는 넘쳤고 재즈는 전성기를 맞았다. 말하자면 재즈 에이지란 먹고, 마시며, 즐기는 파티가 매일 밤 열리는 가운데 허무와 고독이 깊어지던 시대였던 셈이다.

재즈 에이지가 이후 성장한 1930년대 갱스터 느와르 영화의 밑거름이 되는 이유도 여기에 있다. 「스카페이스Scarface」(하워드 혹스·리처드 로손, 1932), 「공공의 적The Public Enemy」(윌리엄 A. 웰먼, 1931)과 같은 영화들이 그 시초인데, 국내 영화로 말하자면 「범죄와의 전쟁: 나쁜놈들 전성시대」(윤종빈, 2011)나 「신세계」(박훈정, 2012) 같은 영화에 등장하는 조직폭력배가 바로 이 시기에 미국 동부 경제의 실권을 주름잡았고, 이를 영화화한 작품들이 바로 갱스터 느와르 영화였다. 개츠비는 바로 그런 세상, 그곳에 등장한 한 남자이다.

개츠비는 왜 위대한가?

『위대한 개츠비』의 줄거리는 다음과 같다. 미국 중서부 가난한 농부의 아들로 태어난 개츠비는 대단한 야심가였다. 그는 아무것도 가진 게 없지만 꼭 자수성가하리라 마음먹는다.

1차 세계대전 중 대위로 참전했던 개츠비는 주둔지에서 데이지(캐리 멀리건)라는 아름다운 여인을 만나 사랑에 빠진다. 그는 데이지와 함께 귀향하려 하지만 어찌된 일인지 영국 옥스퍼드로 발령이 나고 데이지는 개츠비를 기다리다가 톰 뷰캐넌이라는 부호를 만나 결혼하고 만다. 개츠비는 데이지가 자신을 기다리지 못하고 톰과 결혼한 이유가 바로 돈 때문이라고 여긴다. 그래서 개츠비는 부를 쌓는 데 혈안이 되고 1차 세계대전의 혼란을 틈타 신분을 바꾸고 어마어마한 돈을 벌게 된다.

부자가 된 개츠비는 톰과 데이지가 살고 있는 저택 옆 다른 집을 사, 동네 부근이 떠나가리만치 왁자한 파티를 매일 밤 연다. 자신을 버리고 간 데이지가 자길 발견해주길 기다리며, 그리고 자신을 기다리지 않고 다른 부자와 결혼한 것을 후회하며 다시 돌아와 주길 바라면서 말이다.

여기까지의 줄거리를 보면 개츠비는 낭만적이라기보다는 집착적이며 강박적인 남자로 보인다. 이미 다른 남자와 결혼한 첫사랑을 되찾기 위해 돈을 모으고, 파티를 열며 부를 과시하니 말이다. 물론, 소설과 영화 속 개츠비는 제목과 달리 '위대한' 사람과는 거리가 멀다. 오히려 인간적 약점을 수두룩하게 지녔다. 그런데 그의 위대함은 개츠비라는 인물의 성품이나 자질에서 비롯된다기보다 다른 사람들과의 관계에서 발생한다. 가령, 데이지를 두고도 정부와 바람을 피우는 톰이나 그런 톰에게 복수하기 위해 개츠비를 사랑하는 척 연기하는 데이지를 보면 말이다. 술수와 연기지만 개츠비는 데이지가 정말 자신을 사랑하는 것이라고 믿는다.

문제는, 데이지가 차 사고를 일으켜 톰의 정부를 죽게 했다는 사실이다. 개츠비는 데이지의 잘못을 자신이 한 일인 양 덮어주고, 톰은 교묘하게 정부의 남편이 그를 살해하도록 유도한다. 개츠비는 그렇게 한 여자를 사랑한 죄로 목숨을 잃는다. 더 안타까운 것은 그의 장례식이다. 매일 밤 그가 엄청난 돈을 쓰며 베푸는 파티에 흥청망청 모여들던 사람들이 그의 장례식에는 얼굴도 내밀지 않는다. 그들은 오늘 밤 열리는 또 다른 파티를 찾아간다. 결국 개츠비를 생각하고 개츠비에게 관심을 가졌던 사람들은 아무도 없었다. 모두 그의 돈과 권력에만 주목했던 셈이다.

그렇다면 개츠비는 위대하다. 왜냐하면 그는 자신이 사랑했던 여인을 위해 젊음과 시간을 모두 바치고 그 사랑의 숭고함을 위해 스스로를 희생하기까지 하니 말이다. 개츠비의 돈만을 노리는 다른 사람들, 데이지나 톰과 같은 인물들과 달리 그는 자신이 믿는 순정을 끝까지 유지한다. F. 스콧 피츠제럴드가 말하는 위대함도 여기에 있다. 세상에서 가장 중요한 것이 '돈'이 되어버린 시대, 그래도 개츠비는 사랑을 위해서 어떤 계산도 하지 않았다고 말이다.

시대에 따라 다시 태어난 고전

2013년의 「위대한 개츠비」는 바즈 루어만 감독이 연출했다. 그는 중세 이탈리아를 배경으로 펼쳐지는 고전적 순애보인 『로미오와 줄리엣』을 1990년대 남미 브라질로 시공간을 옮겨 오면서 질풍노도의 10

대 드라마로 재탄생시켰다. 사실, 어떤 측면에서 젊어 사랑에 목숨까지 거는 로미오와 줄리엣의 열정은 어딘가 철부지 같은 데가 있다. 바즈 루어만은 그 철없음을 브라질이라는 열정의 공간에서 극대화했던 셈이다.

『위대한 개츠비』의 공간 역시도 바즈 루어만을 거치자 그만의 독특한 색깔로 재조형되었다. 우선 바즈 루어만 감독은 매일 밤 개츠비가 개최했던 '파티'를 단순한 배경이 아니라 주제적 환경으로 재배치했다. 사랑했던 여인이 있었지만 개츠비는 아무것도 가진 것 없는 젊은이라는 이유로 거절당한다. 시간이 흘러 그때 부족했던 '돈'을 충분히 갖게 된 개츠비는 미스터리한 비밀과 함께 그녀 곁으로 돌아온다. '돈'을 갖췄으니 부서졌던 자존심을 되살릴 수 있을 것이라는 듯이 말이다. 말하자면, 파티는 그의 부를 과시하고 변신을 증거하는 귀환의 상징이었던 셈이다.

로버트 레드퍼드를 대신할 개츠비 역할은 리어나도 디캐프리오가 맡았다. 로버트 레드퍼드의 귀족적이며 우아한 품격은 리어나도 디캐프리오의 눈빛으로 옮겨 오며 개츠비는 채워지지 않는 욕망으로 타오르는 인물로 거듭났다. 로버트 레드퍼드가 뭇여성의 눈길을 사로잡는 풍경화 속 인물이었다면 리어나도 디캐프리오는 화려한 불빛 속에서 오직 한 가지, 데이지만을 쳐다보는 결핍된 인물로 재해석한다.

하지만 데이지를 다시 만나는 그날, 핑크색 정장을 입고 집안을 온통 꽃으로 장식해둔 개츠비는 그저 한 여자를 오랫동안 열망해온, 낭만적 사랑의 주인공일 뿐이다. 개츠비의 화려한 셔츠를 보며 울음을 터뜨리는 데이지. 그녀를 구원하고 싶었던 순수한 남자, 개츠비 말이다.

풍요 속의 빈곤, 욕망이 타오르고 난 자리

재즈 에이지 시대를 대변하는 F. 스콧 피츠제럴드의 소설 『위대한 개츠비』는 화려한 파티만큼이나 그 화려함 뒤의 쓸쓸한 상실을 말하는 작품이다. 파티가 끝나고 사람들은 돌아간다. 그런데 파티의 술과 음악, 춤에 흠뻑 빠졌던 그 사람들은 정작 파티를 여는 사람이 누구인지 그리고 어떤 상처와 고통을 가졌는지 그리고 어떻게 사라졌는지 관심도 없다. 다만 내일 어느 곳에선가 파티가 있다면 다시 그곳에 몰려가면 그뿐이다.

순진한 화자인 닉의 눈을 통해 그려지는 그 당시 미국의 풍경은 풍요롭지만 어딘가 허전하고 쓸쓸하다. 닉은 부를 찾아 동부에 왔지만 돈에 대한 환멸을 안고 떠난다. 닉이 개츠비를 처음 보았을 때 그는 돈에 미친 천박한 사기꾼이었지만, 당시 미국은 이 사기꾼의 유일한 순진함도 유용하는 사회로 묘사된다. 그래서 닉은 적어도 개츠비는 '데이지'라는 이상을 가졌기에 위대했다고 서술한다. 『위대한 개츠비』가 여러 작가들의 소설 속에서 인용되고 다양한 영화에서 차용되는 이유도 여기에 있을 것이다.

바즈 루어만 감독이 파티를 더욱 화려하고 강렬하게 연출하는 까닭도 이와 연관된다. 파티가 화려할수록 그 끝은 외롭고 비상이 높을수록 추락도 급작스럽다. 욕망이라는 빈 곳을 향해 날아오르는 한 남자의 아름답고 쓸쓸한 비행과 추락, 「위대한 개츠비」이다.

생각해볼 문제

1. 개츠비는 범죄와 연루되어 있을 뿐 아니라 자신의 신분도 세탁하고 위장한 인물
   이다. 그런데 왜 닉은 그를 위대하다고 말하는 것일까?

2. 1920년대 미국 동부에는 신흥 부자와 엄청난 검은 돈이 넘쳐났다. 개츠비는 그런
   이들을 대표하는 인물이기도 하다. 만약, 현재 시점에서 이런 인물형을 찾아볼 수
   있다면, 어떤 인물들이 될까?

3. 개츠비가 사랑했던 데이지라는 여성을 옹호할 수 있을까? 그녀는 개츠비가 전장
   에 가자 돈 많은 다른 남자와 결혼했고, 개츠비가 부자가 되어 돌아오자 그에게
   되돌아가려 한다. 하지만 뺑소니 사고를 치는 남편과 함께 도망가고 만다. 과연,
   그녀는 자신의 인생을 선택하는 주체적 여성인가, 아니면 비난받을 인물인가? 데
   이지의 성격을 분석하고 이야기해보자.

함께 보면 좋은 책

- 『애러비』(제임스 조이스)
- 『이중 배상』(레이먼드 챈들러)
- 『필경사 바틀비』(허먼 멜빌)

함께 보면 좋은 영화

- 「미드나잇 인 파리Midnight in Paris」(우디 앨런, 2011)
- 「원스 어폰 어 타임 인 아메리카Once Upon a Time in America」(세르지오 레오네, 1984)
- 「초원의 빛Splendor in the Grass」(엘리아 카잔, 1961)

레미제라블
Les Miserables
2012
감독
톰 후퍼
출연
휴 잭맨
앤 해서웨이

6. 불평등도 힘이 된다

『장 발장』으로만 알려진 대작

『레미제라블』의 원제는 '레미제라블'이다. 농담 같지만, 사실 많은 사람들이 『레미제라블』을 『장 발장』으로 기억하고 있다. 『장 발장』이라 이름 붙인 간략한 축약본이나 만화에서는 빵 한 조각을 훔쳤다가 오랜 시간 감옥에 갇히게 된 장 발장의 사연과 가석방 이후 은식기를 훔친 그를 용서해준 신부의 이야기 위주로 그려져 있다. 동화처럼 용서와 관대라는 교훈적 부분만이 반복 재생되어왔던 것이다.

물론 『레미제라블』에서 가장 중요한 인물 중 한 사람이 장 발장임은 분명하다. 하지만 막상 『레미제라블』을 읽다보면 1권의 중반쯤에 가서야 장 발장의 이름을 처음 발견하게 된다. 장 발장이 빵을 훔치는 것으로 시작되는 『레미제라블』은 원작이 아니라 아동, 청소년용 각색된 축약본의 도입부이다.

『레미제라블』은 번역본으로 다섯 권 분량일 만큼 어마어마한 대작이다. 빅토르 위고는 이 작품을 17년에 걸쳐 썼고, 소설에서 다루는 시간적 배경 역시 30년을 훌쩍 넘는다. 기억 속에 명작으로 자리 잡고 있던 『레미제라블』이 다시 회자되기 시작한 것은 뮤지컬이 성공하고 난 이후이다. 뮤지컬은 이 방대한 대서사시를 거의 그대로 재현하겠다는 야망을 품고 무대에 올려졌다. 영화는 이 뮤지컬을 원작으로 한다.

그런데 영화 「레미제라블Les Miserable」(톰 후퍼, 2012)은 우리가 생각하는 뮤지컬과 조금 다르다. 「시카고」「나인」 멀게는 「사운드 오브 뮤직」과 같은 전통적 뮤지컬에선 대개 대사가 이야기로 처리되고 중요한 감정 부분이 노래로 채워진다. 하지만 「레미제라블」에서는 대사도 노래로 이루어진다. 음악이 빠진 대사가 손에 꼽을 정도이다. 게다가 후시 녹음이 아니라 배우들이 촬영 현장에서 직접 노래를 부르는 동시녹음으로 이뤄졌다. 배우의 연기력뿐만 아니라 노래 실력이 영화의 성패에 영향을 미칠 수밖에 없다는 의미이다.

결론부터 말하자면 장 발장을 연기한 휴 잭맨과 팡틴 역을 맡은 앤 해서웨이는 관객들에게 놀라운 감동을 선사한다. 두 배우의 뮤지컬 경험은 영화에 감동을 녹여내는 데 큰 영향을 미친다. 물론 아쉬운 배우들도 있다. 뮤지컬 「레미제라블」에서 활약했던 배우들, 가령 에포닌 같은 배역의 몫은 과장해도 지나치지 않을 정도로 훌륭하다.

영화 「레미제라블」은 흥행에 성공했다. 더욱 관심을 끄는 것은 이 성공이 일종의 사회적 담론으로 확장되었다는 사실이다. 언론은 앞 다투어 「레미제라블」의 성공 요인을 분석했고, 2012년 대선이라는 한국의 정치적 상황과 연결시켜 그 의미를 파악하기도 했다. 그렇다면 과연 영화 「레미제라블」의 사회적 의미와 흥행 이유 그리고 그 가치는 무엇일까?

「레미제라블」, 영화화는 곧 시각화

무대 예술인 뮤지컬이 영화로 옮겨지면서 가장 달라지는 것은 바로 시각이다. 복잡한 장광설은 노래에 압축되고 절절한 정치적 선언들은 시각적 이미지로 대체된다. 영화는 첫 장면에서 주인공 소개나 상황 설명은 거두절미한 채 좌초된 목선을 끄는 죄수들의 모습을 보여주며 장쾌하게 본론으로 진입한다. 누더기 옷을 입고 피골이 상접한 채 노예처럼 일하는 죄수의 이미지는 장 발장이 겪은 19년의 고초를 고스란히 보여준다. 그를 바라보는 자베르(러셀 크로)의 멸시와 장 발장(휴 잭맨)

의 분노 역시 「Look down」(고개를 숙이라)이라는 노래와 함께 증폭된다. 자베르는 옳고 그름을 떠나 법의 준열함을 지키고자 하는 원칙주의자이다. 잘못 집행된 법이라도 자베르는 지켜야 한다고 믿는다.

만일, 영화가 원작의 이야기와 설교를 고스란히 옮겼다면 매우 피곤하고 지루한 작품이 되었을 것이다. 하지만 영화 「레미제라블」은 다섯 권에 이르는 방대한 이야기를 인물별 주요 사건으로 줄였다. 이는 다섯 권이 넘는 방대한 분량의 명작을 읽는 수고를 덜어주기도 한다. 대작의 전모를 160분짜리 영화로 용이하게 확인할 수 있다는 것은 굉장한 관람 가치이다. 몇 줄의 요약으로는 결코 알 수 없는 1800년대 프랑스의 삶, 그 격동기는 훌륭한 무대 연출로 시각화된다. 통독하긴 어렵지만 반드시 읽어보아야 할 필수 교양서로서의 브랜드 가치가 바로 「레미제라블」에 있는 것이다.

영화가 보여준 '팡틴'이라는 이름의 현실

'레미제라블Les Miderables'은 비참한 사람들이라는 뜻이다. 1830년대 프랑스는 시민혁명 이후 더 극심한 빈부 격차로 갈등을 겪었다. 빵 한 조각을 훔친 장 발장은 5년형을 선고받지만 남의 물건을 훔쳐 삶을 연명해가는 부류들은 여전히 거리를 활보한다.

『레미제라블』에는 미리엘 주교처럼 훌륭한 인물보다 이기적이고 치사하며 난폭한 인물들이 훨씬 더 많이 등장한다. 왜 제목이 '비참한 사람들'이겠는가. 장 발장 역시 비참한 사람들 중 하나이다. 소설 속에서 가장 비참한 인물은 바로 '팡틴'이다. 장 발장의 삶은 팡틴에 비하자면 무척 다행스럽다고 말할 수 있을 정도이다.

많은 관객들이 영화에서 목격한 것 역시 마찬가지이다. 장 발장의 모험담으로 알고 있던 이 드라마에서 가장 강렬하게 다가오는 에피소드는 앤 해서웨이가 연기한 팡틴의 인생역정이다. 단지, 딸아이 코제트의 병을 낫게 하고 그녀와 함께 살고자 하는 것 외에 아무것도 바라는 것 없는 이 가련한 여인은 사람들의 무심함과 냉대 속에 죽어간다.

과연 누가 팡틴이 가진 소박하고 소중한 것들을 앗아가는가? 영화는 그것이 바로 불평등한 법과 부조리한 사회의 원리라고 말한다. 사회와 제도는 비참한 자들이 아닌 그렇지 않은 자들 편에서 운용된다. 그리고 그것을 질서라고 부른다.

상류계층 청년들에게 이용당한 팡틴은 사생아를 낳게 된다. 아이를 챙기기 위해서 돈을 벌어야 하지만 사생아를 둔 미혼모가 일을 하는 것은 쉽지 않다. 그녀는 생계를 위해 아름다운 머리카락도 팔고 심지어 앞니까지 파는 신세가 된다. 그녀가 돈을 얻을 수 있는 방법은 자신의 신체를 파는 것 말고는 없다. 결국 거리의 여자가 된 그녀는 사회의 가장 밑바닥을 헤매게 된다. 아이를 키워내야 하지만 삶은 점점 더 그녀에게 가혹해질 뿐이다.

빅토르 위고가 바라보았던 모순적 사회는 과거의 문제라고 할 수만은 없다. 법을 지켜야 하는 자베르 경감과 과오를 지우고 새로운 미래를 개척하고 싶은 장 발장의 열망 역시 현재적이다. 길거리를 돌아다니는 고아를 돌보는 척 이용하는 사기꾼 부부나, 비정하고 몰상식한 남자들에게 짓밟히는 순진한 여자들도 그렇다.

빅토르 위고가 보았던 19세기의 프랑스는 사실 우리가 앓고 있는 이 시대의 문제와 크게 다르지 않다. 팡틴의 비참한 죽음을 불공평하다고 여기고 있을 때 이야기는 혁명의 꿈으로 이어지고, 옳은 것은 과연 무엇인가라는 질문과 함께 혁명의 열기가 무르익어 간다. 말하자면 관객들은 장 발장의 교훈이 아닌 사회라고 부르는 이 장벽의 엄혹함을 영화 속에서 발견한다. 장 발장은 우리를 그 격동의 현장으로 안내하는 길잡이라고 할 수 있다. 장 발장이라는 익숙한 안내자를 통해 우리는 프랑스의 격동기로 안내되고, 그 안에서 아직도 변하지 않는 사회적 모순과 만난다.

하지만 『레미제라블』은 이 잔혹한 현실을 고발하는 데 멈추지 않는다. 장 발장에게 용서를 베풀었던 신부, 장 발장이 구해주었던 사람, 짝사랑하는 남자를 지키기 위해 자신을 희생하는 여성 등 희생과 사랑의 가능성을 통해 빅토르 위고는 결국 전진하는 삶의 위력을 보여준다.

메시지보다는 정서적 감동으로: 뮤지컬 양식의 매력

무엇보다 영화 「레미제라블」은 이러한 상황들을 이성적으로 고발한다기보다 감성적으로 호소한다. 뮤지컬 형식이기 때문이다. 뮤지컬은 서사를 꼼꼼히 설명하는 게 아니라 노래라는 정서적 수단을 통해 제시한다. 노랫말은 단순하지만 극악한 상황 속에서 내뿜는 절규는 백 마디 대사 이상의 정서적 공감을 불러일으킨다. 몰입과 공감 속에 팡틴의 불행은 관객의 정서적 뇌관 깊숙한 곳까지 건드린다.

사실 원작 소설을 읽다보면, 이게 논설문인지 소설인지 헷갈린다. 빅토르 위고는 "진보의 난폭함을 혁명이라 부르오. 혁명이 끝나면 사람들은 인정하오. 인류는 곤욕을 치렀으나 진보했음을" 같은 대사들을 인물을 통해 설파한다. 정치서라고 말해도 될 정도로 정치적 견해와 믿음이 직설적으로 표현되어 있다. 미리엘 주교를 비롯한 모든 인물들은 빅토르 위고의 대변인 역할을 해낸다. 장 발장의 과거는 고작 한두 페이지의 사건으로 압축되어 있을 정도이다.

영화 「레미제라블」의 성공 요인 중 하나는 바로 시대적 흐름을 반영한 각색이라고 할 수 있다. 영화는 노예와 다를 바 없는 삶을 살아가는 장 발장으로부터 시작된다. 전문 뮤지컬 배우가 아닌 영화배우들이 직접 노래를 부른다는 점도 이채롭다.

영화 「레미제라블」의 마지막 두 장면, 장 발장의 죽음과 바리케이드에서 마리우스가 부르는 합창이 감동을 전해줄 수 있는 가장 중요한 요인도 바로 여기에 있다. 영화는 현란한 영화적 기술을 버리고 클로즈업이라는 오래 묵은 방식으로 감정을 건드린다.

마리우스와 혁명군들이 부르는 합창곡 「Do You Hear the People Sing?」에서 'You'는 결국 관객이다. 영화는 관객에게 원작 소설 『레미제라블』이 설파하려던 정치적 메시지를 정서적 공감으로 변환하는 데 성공했다. 사람들은 이성적으로 동조하기도 하지만 정서적으로 감염될 때 훨씬 더 크게 공명한다.

3시간에 가까운 긴 여정을 함께 하고 나면 고개를 숙이지만 언제나 먼저 바람을 맞는 풀의 에너지를 만나게 된다. 바람보다 먼저 울고 바람보다 먼저 웃는 '풀'의 힘, 「레미제라블」은 그 에너지에 대한 장대하고도 유려한 서사시이다.

생각해볼 문제

1. 빅토르 위고의 『레미제라블』에서 우리에게 가장 잘 알려진 이야기는 장 발장에 관한 에피소드이다. 그렇다면, 「레미제라블」의 주인공은 과연 누구일까? 가장 중요한 인물을 선택하고, 그 인물이 왜 중요한지 서로 의견을 나눠보자.

2. 「레미제라블」은 뮤지컬 영화이다. 뮤지컬 영화로 본 고전소설의 장점과 단점에 대해 이야기해보자.

3. 영화의 마지막에 장 발장은 세상을 떠나기 전 팡틴에게 사죄하고 눈을 감는다. 왜 장 발장은 팡틴에게 미안함을 느끼는 것일까?

함께 보면 좋은 책

- 『두 도시 이야기』(찰스 디킨스)
- 『웃는 남자』(빅토르 위고)
- 『헝거 게임』(수잰 콜린스)

함께 보면 좋은 영화

- 「업사이드 다운Upside Down」(후안 디에고 솔라나스, 2012)
- 「헝거게임: 판엠의 불꽃The Hunger Games」(게리 로스, 2012)
- 「브이 포 벤데타V for Vendetta」(제임스 맥티그, 2005)